# 让孩子成为不可替代的人

李丹丹/编著

中国商业出版社

图书在版编目（CIP）数据

让孩子成为不可替代的人 / 李丹丹编著. -- 北京：中国商业出版社，2019.8
　ISBN 978-7-5208-0826-2

Ⅰ．①让… Ⅱ．①李… Ⅲ．①儿童教育－家庭教育 Ⅳ．①G782

中国版本图书馆CIP数据核字（2019）第142401号

责任编辑：常　松

中国商业出版社出版发行
010-63180647　www.c-cbook.com
（100053　北京广安门内报国寺1号）
新华书店经销
山东汇文印务有限公司印刷
\*
710毫米×1000毫米　16开　15印张　180千字
2020年1月第1版　2020年1月第1次印刷
定价：56.00元
\*　\*　\*　\*
（如有印装质量问题可更换）

# 前　言

我们做父母的都希望能够培养出一个出色的孩子，都是"望子成龙，望女成凤"。而孩子能否成为栋梁之才，不仅关系到每个家庭，也关系到国家的未来。

因此，在教育培养孩子时，既要根据社会发展的未来方向培养孩子，还要抓住相应时期教育培养的重点，这样才会为孩子塑造出一个精彩的未来。

当今社会的科技飞速发展，智能时代已经来临。人工智能的出现与广泛运用，能将人从简单、高重复性、无需思考的工作中解放出来。如汽车驾驶、外语翻译、交易员，等等。

同时，人工智能能够让人们的一些工作不再那么劳累，这无疑是高效却又让人恐慌的。因为，当大量工作被人工智能所代替后，那就意味着将会有很多人失业，很多人都不再有可靠和稳定的收入来源。

智能时代的来临，时刻提醒着人们应该去进步。对于未来该如何工作和生活，已经成为我们不得不慎重思考的问题。

这种压迫感，让我们感受到了切实的危机，而这种危机状况不仅仅需要我们思考与解决，对于每个家庭来讲，也面临着一种全新的教育改革浪潮。子女的教育问题已经成为当今社会的重中之重。

试问天下父母，谁不想自己的孩子从小就具有良好的品格、出众的成绩、极强的能力，谁又不想自己的孩子长大以后能够出人头地、功成名就、集光环与荣耀于一身呢？

但是，愿望毕竟是愿望，要使这颗美好的种子发芽结果，就必须辛勤的浇灌；要使孩子出类拔萃，成为不可替代的人，就必须予以良好的培育。

那么，父母们该怎样对孩子进行良好的教育呢？为了帮助年轻父母解决这一家庭教育中的困惑，我们特地编著了本书，主要从爱心、心态、情感、习惯、情商、精神等方面来列举孩子在人生中遇到的各种问题，并为他们提供了有效的心理调试方法以及面对各种事情的应变能力。

相信通过本书，一定会让父母在培养孩子时更加得心应手，让孩子能够健康快乐的成长并成为社会中不可替代的人才。

# 目　录

第一章　培养孩子沟通的爱心平台

　　身教重于言教 …………………………………… 002
　　与孩子沟通是一门必修课 ……………………… 007
　　做一个善于引导孩子的导师 …………………… 012
　　学会与青春期孩子沟通 ………………………… 017
　　沟通能提高孩子的语言能力 …………………… 022
　　倾听孩子的心灵之音 …………………………… 025
　　批评孩子要注意方法 …………………………… 030
　　疏导为先平等沟通 ……………………………… 035
　　沟通的问题要具体化 …………………………… 038

第二章　培养孩子的阳光心态

　　了解阳光心态的特质 …………………………… 044
　　阳光心态要从小培养 …………………………… 046
　　不让虚荣心扭曲自尊 …………………………… 049
　　帮助孩子克服焦虑心理 ………………………… 052
　　摆脱悲观失望的心理 …………………………… 055
　　改变冷漠的心理 ………………………………… 059
　　将抑郁心理排解一空 …………………………… 062

驱散孤独的心理 …………………………………… 066
　　帮助孩子克服害羞心理 ……………………………… 069
　　帮助孩子克服嫉妒心理 ……………………………… 072

第三章　培养孩子性格的情感之门
　　让乐观陪伴孩子成长 ………………………………… 078
　　自信是成功的第一秘诀 ……………………………… 084
　　培养孩子做事果断的性格 …………………………… 089
　　不要让自卑笼罩孩子 ………………………………… 091
　　让孩子从胆怯的阴影中走出来 ……………………… 096
　　培养孩子积极进取的性格 …………………………… 101
　　改变孩子过于内向的性格 …………………………… 103
　　改变孩子任性的性格 ………………………………… 106
　　锻造孩子勇敢的品性 ………………………………… 112

第四章　培养孩子良好习惯的心灵之约
　　不要让孩子"出口成脏" …………………………… 120
　　培养孩子善待他人的习惯 …………………………… 125
　　培养孩子珍惜时间的习惯 …………………………… 128
　　将文明礼貌的种子培植到孩子心里 ………………… 133
　　培养孩子做事耐心的习惯 …………………………… 137
　　培养孩子细心认真的习惯 …………………………… 142
　　培养孩子敢于创新的习惯 …………………………… 145
　　改变孩子盲目攀比的习惯 …………………………… 150
　　让孩子养成爱干净的习惯 …………………………… 154

培养孩子与人合作的习惯 ·············· 157

## 第五章　培养孩子情商的心绪丝缕

　　情商比智商更重要 ·················· 164
　　引导孩子多与他人交往 ················ 168
　　挫折教育是孩子的一门必修课 ············· 171
　　鼓励孩子正确面对失败 ················ 175
　　帮孩子给坚强的意志淬火 ··············· 178
　　让孩子学会控制情绪 ················· 181
　　尊重是一种文明的表现 ················ 184
　　让孩子学会自我激励 ················· 187

## 第六章　培养孩子学习的精神动力

　　学习是孩子必做的事情 ················ 198
　　用奋斗目标来激励孩子 ················ 202
　　不要给孩子施加太多压力 ··············· 208
　　让书本生活化、学习游戏化 ·············· 214
　　消除孩子的考试恐惧症 ················ 217
　　培养孩子的阅读兴趣 ················· 221
　　引导孩子善动脑勤钻研 ················ 228

# 第一章　培养孩子沟通的爱心平台

在中华民族的浩瀚历史长卷中，家庭教育有着悠久的历史。家庭是每一个孩子的第一个生活环境，也是人一生中接受教育的开端。

天下没有父母不爱自己的孩子，没有父母不关心自己孩子的成长。那一份份期待，一片片爱心在很多情况下都贯穿于沟通之中。

家庭教育心理学告诉我们，良好的沟通需要父母懂得走进孩子的心灵，如此才能使父母的爱心和耐心化为缕缕春风和丝丝细雨，滋润孩子的心田，使孩子健康地成长。

## 身教重于言教

我们任何一个人从出生到长大，都离不开家庭的教育和影响。我们做父母的一言一行、一举一动对子女都起着耳濡目染的作用。

就沟通而言，其途径和形式并非是单一的，而是多样的。既有语言沟通，也有文字沟通，还有行为沟通。以身示范重于语言教育，就是发挥我们父母自身行为的力量，由此对孩子传递出良好的感染力。

**1. 父母对孩子的示范作用是全方位的**

家庭是孩子的第一所学校，父母是孩子的第一任老师。父母作为孩子效仿的最直接的榜样，对孩子的示范作用是全方位、立体化的。

古语说："教子弟于幼时，便当有正大光明气象；检身心于平日，无可不忧勤惕厉工夫。"也就是说，要在孩子幼年时，便培养他们身上光明磊落的气概，平时则要时时刻刻反省自身，检查一下自己是否做过不正当的行为。其实，两句话结合在一起，也就是"父母如何身教"的问题。

言传固然也有一定的教育作用，但它的效力往往不能持续，并且它更适用于那些比较听话的孩子，对于那些较为叛逆的孩子来说，身教的意义往往更大，效用也会更持久、更好。

从子女出生到长大成人，每个父母都付出了艰辛的努力和汗水，可以说父母是孩子最早的老师。因此，父母在日常生活中的一举一动、一言一行都对孩子具有很大的影响，往往能在子女的身上起到潜移默化的作用。良好的行为方式可以直接促进子女的心理健康，而坏的影响则让孩子受害无穷。

作为家长，谁不希望自己的儿女成长为有用的人才？谁不渴望自己的孩子是人们赞不绝口的好学生？尤其是在现在这样一个科技飞速发展的时代，竞争越来越激烈，孩子是否优秀成为他们能否在社会上立足的关键因素。

但在现实生活中，我们经常会听到父母这样抱怨："我家的孩子实在是太不听话了，越来越难管，真是拿他没办法。"这种情况其实还是由于沟通出现了障碍，教育方法有问题。

小静刚上小学时，学习特别积极，每天放学回家第一件事就是写作业或复习功课，成绩自然也就十分优秀，成为爸爸妈妈的骄傲。

可是最近一段时间，小静的爸爸却发现不对劲儿了，因为小静不仅成绩下滑，而且毛病也不少，每次说她时，她也像是在静静地听，可却不见任何的长进。

小静的爸爸是公司里的骨干，由于最近业务不断扩展，为了工作的需要，他便买了一台液晶显示器电脑。每次工作完成时，就会在网上浏览网页，玩一会儿游戏。

哪知，才上三年级的小静看爸爸每次在电脑前都很开心，便对这台电脑表现出了很大的好奇。刚开始，小静每天回家只要一做完作业，就会坐在电脑前玩一会儿，发展到后来作业也不做了，放学回家就直奔电脑，尤其在周末情况更加严重，甚至饭都不吃了。

直至期中考试后，她的爸爸妈妈才意识到问题的严重性，因为小静的成绩一落千丈，从以前的数一数二一下子降至20名以后。急得她妈妈不知道该怎么办才好。后来，小静的爸爸妈妈商量了一下，决定从电脑上开始做起，而且自己要起带头作用。

从那以后，小静的爸爸妈妈每天晚上吃过晚饭后，就去看书写字看报纸，从来不去电脑旁，即使有时需要上网查资料，也从不当着女儿的面查。

一开始，小静还是如痴如醉地玩电脑，几天后，她便没有那么积极了。慢慢地，她玩电脑的时间越来越短了，后来根本不用爸爸妈妈督促，自己一放学就去写作业。后来，她的成绩又提高了。

小静的父母采用了科学正确的教育方法，将女儿从悬崖边上拉了回来，从这个事例中我们可以看到身教对孩子的重大影响。

**2. 父母树立榜样的重要作用**

既然以身示范重于言教，做父母的就要在平时注意树立榜样的形象。如果家长能够在平时的一言一行中起到表率的作用，说到做到，子女就会对他们的教育更加信服，从而在无声之中就能提升沟通的效果。那么父母究竟应从哪些方面树立榜样呢？

（1）正派上进

在经济飞速发展的今天，能够做到为人正派，是不容易的，也是非常可贵的。这需要有正确的人生观、是非观，对社会上的丑恶现象，不但能分辨清楚，而且疾恶如仇，该反对的反对，能抵制的抵制，绝不同流合污。让孩子看到你鲜明的态度，这对孩子的影响是巨大的。

上进心，既体现在工作态度上，也体现在思想作风上。父母在事业上不断有所追求，不断有新的进步，不仅对孩子有很大的激励作用，孩子从父母的精神风貌中，也会学到做人的真谛。

（2）勤俭自律

勤俭是立国、立身之本。勤劳和节俭相辅相成，不勤劳的人，不懂得物质财富来之不易，往往不珍惜劳动成果。

一个人要做到勤劳节俭，需要很强的自律精神，要想获得任何成功和进步离不开自律精神。自律是人的意志品质的反映，父母是有毅力、肯吃苦的人，才能够要求子女严格自律。如果父母意志薄弱，自己懒散放纵，那是不可能教育好自己的子女的。

（3）拒绝说谎

有些家长，做错了事喜欢为自己找各种理由和借口，甚至不惜用谎言来欺骗大家或者朋友。其实，将事实如实地说出来，即使可能让朋友或者其他人不太高兴，但是你的诚实却可给孩子一个正确的引导。没完成任务不要紧，重要的是要想办法弥补，而不能靠说谎为自己开脱。

另外也同时告诉了孩子，因为自己的疏忽而造成的错误，必须要付出更多的时间来补偿，能在培养他做事认真的同时，教育了孩子做一个敢于承担责任的人，也从侧面让孩子明白信守诺言的重要。

（4）敢于认错

在日常生活中，很多父母平时总是教育孩子知错就改，然而，在面对自己所犯下错误的时候，却不愿意直接向孩子认错。在他们看来，向孩子认错，将会失去自己在孩子面前的威信。

事实上并不是这样的,孩子对你的认错会很善意地接受,并在心里佩服父母的公正,不但不会降低父母在孩子心目中的威信,反而会提高父母的人格魅力。

(5)己所不欲,勿施于人

"己所不欲,勿施于人",这是很多人都明白的道理。在日常生活中,要求孩子做到的事情,自己必须先做到。如果你不允许孩子看电视了,自己也最好不看,或是做到不影响孩子的学习。

否则,不但会使孩子不能集中精力在作业上,而且会造成孩子的逆反心理:凭什么你们在看电视,我却要写作业?即使被逼坐在书桌前,他的心思也不知道早就跑到哪儿去了,相信这样的结果是每个父母都不愿意看到的。

所以,父母从自身做起,做一个品德高尚的人,做一个富有良知的人,做一个纯粹真诚的人,做一个光明磊落的人。不要忘记,孩子那双天真的眼睛正在看着你们。

## 温馨小提示

孩子的生活环境对于他们的成长来说是十分重要的,父母的一举一动,都会被他们看在眼里记在心里。因此,家长一定要切记这么一句话:教育孩子,要从自身做起。要以一种平和的态度去对待他们,不要一看到孩子的不足就说他们"没出息""不争气",这样只会伤害他们的自尊心。家长可以试着和孩子谈谈心,给孩子一个表达自己的机会,让他们自己来说一下错误出在哪儿。

我国有句古话:"养不教,父之过。"其实说的就是,什么样的父母教出什么样的孩子,如果孩子没有长成参天大树,那一定是父母的过错。也许这话听起来有些绝对,但并不是完全没有道理。试想，一个整日生活在"父母亲不务正业"的家庭环境下的孩子，长大后想要让他成为一个顶天立地的人，谈何容易？

# 与孩子沟通是一门必修课

沟通是指人与人之间、人与群体之间思想与感情的传递和反馈的过程，以求思想达成一致和感情的融洽。和孩子沟通是一个双向互动的过程，父母能否与孩子进行良好、有效的沟通，对孩子的成长非常重要。

就家庭教育而言，沟通作为一门学问、一门艺术，是父母为培养孩子健康成长而必须学习的重要课程。

### 1. 父母和孩子沟通的重要性

在日常家庭生活中，父母和孩子沟通十分重要。沟通是在孩子成长过程中，父母与孩子之间建立良好的亲子关系，对孩子施加科学的教育，从而促进孩子健康成长的重要的不可或缺的环节。

合格的父母，不仅是孩子衣食住行的提供者，也是孩子的良师，更是孩子的益友。良好的亲子沟通可以把父母的期望、爱和教育充分地传递给孩子。也能让父母了解孩子的所思所想，帮他们解决成长中的问题，只有这样才能给孩子提供有效的教育。

但在现实生活中，亲子沟通要么是家长不重视，要么是方法不得当。很多父母虽然很想了解孩子的内心感受，但是无意中流露出的传统角色总会造成亲子沟通的障碍。

有些父母常以"指挥者"的身份自居，他们在与孩子交谈时总是带有命令的口气；有些父母则像个说教者，这样的父母喜欢唠叨，告诉孩子应该怎样不应该怎样，而并不是从孩子的角度分析问题。

有些父母觉得自己比孩子聪明，在孩子面前总会摆出一副无所不知的样子，这样的态度也很容易让孩子反感；还有一些父母则是批评者，他们常嘲笑、讽刺孩子或给孩子贴标签。

试想，如果父母都用以上态度与孩子交谈，是肯定无法获得良好的沟通效果的。

**2. 父母要学会与孩子沟通**

心理专家认为，与孩子沟通应把握以下几种方法：

（1）与孩子要坦诚交心

这样才能了解孩子的心境，才能知道孩子在想什么、需要什么，发现了问题然后才能对症下药，给予适当的引导和帮助。

譬如，孩子出现不良行为时，如上网成瘾、吸烟等，父母首先要冷静处理。要以体贴、谅解的语气鼓励孩子说出原因或心中感觉，巧妙地使用沉默与倾听，领略孩子谈话的要点或者弦外之音。

由于父母的态度诚恳及友善，孩子会毫无保留地宣泄内心的情感，通过聆听、对话的方式，父母逐渐引导孩子重新思考问题的核心，共同摸索出解决的办法。孩子知道父母尊重他，愿意接受他，愿意了解他和帮助他，就会听父母的话，改正不良行为。

一位母亲说：

> 我有一个16岁的女儿，特别贪玩，一玩起来就不愿回家，说不想回这个家。她也说不清为什么，反正在外面比在家里开心。
>
> 其实，我们当家长的对她很宽松，你说这到底是为什么？有时她玩的时候连个电话也不给我们打，我们每天为她担心。其实孩子本来是很优秀的，现在交了一些不好的朋友，我实在是无法

接受，我该怎么办？

有时她自己也觉得对不起我们，也很痛苦，我们是又气又心疼，什么方法都用过了，就是不管用。

首先，家长要明白，贪玩是正常现象，父母应当给予理解和满足，这样孩子才会喜欢这个家；其次，要改变孩子玩的毛病，要先从改变亲子关系入手，有了好的关系才会有好的教育，要让孩子在家里住下来，让孩子对这个家有安全感；最后，要坦诚地与孩子交心，孩子出了问题，只能慢慢来，不能操之过急，更不能放弃不管。

其实没有一个孩子不想学好，孩子走到这一步肯定有特别的原因，只有关心和信任孩子，帮助孩子打开心结，才有成功的希望。孩子成长的过程就是解心结的过程，结解不开就会不痛快。

（2）温和的态度很关键

如果父母在孩子面前总是处于居高临下的地位，总是以一副威严的面孔对孩子，以严厉的语气与孩子讲话，无形中会使孩子产生畏惧的心理，从而不敢和父母交流，有的孩子甚至还会产生逆反心理。

这样不仅达不到教育孩子的目的，而且还会阻断亲子间的沟通。父母只有以温和的态度对待孩子，才能让孩子感到爱和温暖，才能使孩子愿意向父母吐露心声，才能达到孩子愿意接受教育的目的。

相反，父母用粗暴野蛮的方式对待孩子，就会造成孩子反抗。打孩子是愚蠢的行为，最终只会出现两种结果：一是打出一个小霸王，你打他他就打别人；二是他见了谁都害怕。这是家长愿意看到的结果吗？当然不是，所以还是要与孩子耐心地讲道理，以理服人。

（3）交流时要多听少说

许多家长在与孩子沟通的过程中，总是自己说让孩子听，特别是当孩子在某一个问题上申辩时，家长就以翅膀长硬了为由，不给孩子说话的机会。而这样的交流，实际上是家长自己设置了与孩子沟通的障碍。

家长要了解孩子的想法与感受，就应当多让孩子说，就算是孩子真的犯了错误，父母也要静下心来，站在孩子的立场让他倾诉。不要打断孩子说话，孩子心中的感受得以抒发后，烦恼自然就会消失一半。

这样做不但可增进亲子的感情，也可以让孩子明白，当遇到任何烦恼时，回到家里都会得到父母的体谅和支持。这会增加孩子的安全感，当然，孩子也更愿意在这种安全感中多与父母交谈和沟通，把自己的所感所想都倾诉给父母。

（4）与孩子一起探讨教育方法

不少父母为教育孩子彻夜难眠，到处打听教育孩子的方法，却忽略了一个简单的道理，如农民种庄稼，知道庄稼最需要什么养料，企业家懂得顾客最满意的商品才是最好的商品，孩子最喜欢的方法才是最好的方法。

家长不妨与孩子一起探讨，什么样的教育方法才是受孩子欢迎的、家长应当怎么做才是孩子感到快乐并愿意接受的。教育者的行为和态度方式最直接深刻地影响教育对象，在这个过程中我们要给孩子什么，必须先明确他需要什么。

如现在的孩子喜欢"追星"的问题，有一个家长就特别明智，她的女儿的偶像是周杰伦，她说作为她个人并不欣赏周杰伦，但因为女儿喜欢，她只好试着去了解。如果父母不了解周杰伦，那么他们之间必然产生代沟。

这位家长说她搜集周杰伦的资料后知道，他是奋斗出来的天才，青少年喜欢他是有原因的，他生活在单亲家庭，对母亲非常孝顺，这是很感人的。周杰伦的书这位家长见一本买一本，跟女儿一起学唱他的歌。然后对孩子进行有效的引导，理性地对待偶像，母女之间就有了共同话题。她认为自己的歌唱得好不好并不重要，关键是与孩子沟通，沟通比水平更重要。

（5）给孩子留有个人空间

孩子不希望父母完全控制他们的生活，只希望父母充当顾问或支持的角色，过多地干涉让他们有一种被监督的感觉，认为自己失去了自由，便会产生一种不满情绪，就会躲避家长，并产生隔阂。

所以家长要尊重孩子，给孩子充分的个人空间，放手让他们自己去思考、去设计、去独立完成自己想做的事，真正实现孩子自己的愿望。

（6）尊重孩子，信任孩子

尊重孩子首先要把孩子看成自由、独立、完整、有独特个性、人格和尊严的人。

要尊重孩子的兴趣和爱好；尊重孩子的情绪和情感；尊重孩子的个性差异；尊重孩子的抱负和志向；尊重孩子的选择和判断及个人的意愿。切忌伤害孩子的自尊心，体罚或变相体罚孩子。

父母尊重孩子才会激起孩子的自尊。人最大的悲哀是缺乏自尊。自尊是一个人灵魂中伟大的杠杆，没有尊严的人等于一具躯壳。父母尊重孩子，孩子才会尊重他人、尊重社会，才能获得外界对他的尊重。

（7）要注意教育的艺术

一些苦恼的家长，殚精竭虑，什么招都用了，孩子就是不听话，究其原因是家长落伍了。

现今社会是个多元化的时代，孩子面对的诱惑很多，从客观上讲教育的难度确实是增大了，但家长没有与时俱进努力学习则是一个很重要的问题。

我国有70%的家长没有系统地学习过养育孩子方面的知识，使用的方法多是上一代养育方法的延续，有的则用一成不变的方法来培育不同年龄阶段的孩子，难免在教育孩子时力不从心。

### 温馨小提示

沟通是双向的，并且有效的沟通是建立在信任与理解的基础之上的。对此，家长要善于转变观念和孩子一起成长。

要学会求同存异，在两代人的思想碰撞中寻找新的契合点。比如，孩子"追星"、上网，本身并没有错，他们需要榜样和情感的寄托，父母应该正确地引导，而不是责备和打骂，更不是砸电脑或把孩子关起来了事。这样做只会加重相互之间的隔阂，使问题更加复杂化，所以要学点沟通的技巧，要智取而不是强攻。

## 做一个善于引导孩子的导师

对孩子的教育是一个永恒的话题，每一位家长都希望自己的孩子健康成长，幸福快乐，能够学有所成。其实，教孩子成功，帮孩子走向美好人生未来的金钥匙就掌握在家长的手中。

正如美国著名的教育家、哲学家威廉·詹姆斯所认为的，孩子生下来时是一张白纸，而最终这张纸是否能够被描绘成一幅精美的图画，完全取决于家长。为此，父母必须努力做一个善于引导孩子的导师。

### 1. 当好孩子的人生导师

自古以来，教育子女的问题就是父母的头等大事，父母采用何种教育方法，对孩子人生观和道德观的形成有着极为深刻的影响。没有哪个父母不希望自己的孩子拥有良好的品质和优秀的才华。

"孟母三迁"就是一个典型的例子，孟母的决定成就了孟子伟大的一生，孟母的良苦用心也成为育人的千古典范。古人说："从师虽重，家教更急。"

做好孩子人生中的导师，引导孩子走上正确的健康成长道路，不能仅靠学校的教育，更要靠父母的指导。因为目前我国的教育方式还是以考学为主，对于德、智、体、美等各方面的素质教育还不够完善，学校对其的重视程度也不够。

众所周知，一个孩子要成长为国家的栋梁之材，只有知识显然是远远不够的。因此，如何让孩子的人生更加完美，便是父母着力需要解决的问题。

孩子的大部分举动都是模仿而来的，因此即使是为了孩子以后的人生着想，父母也要改掉自身的一些坏毛病，如讲脏话、随地扔果皮纸屑、随地吐痰等。当然，那些自身有着很多小缺点的父母，肯定会觉得这样做很累，但为了教育孩子，一定要有足够的意志力。

教育家马卡连柯说："父母对自己的要求，父母对自己家庭的尊敬，父母对自己一举一动的检点，这是首要的和最基本的教育方法。"当好导师，积极引导，对于孩子所产生的影响是不言而喻的，小时候的失之毫厘，长大后可能会谬以千里！

### 2. 引导孩子成长的注意事项

（1）要善于营造良好的家庭氛围

父母与孩子之间关系的好坏，对孩子的成长有着极大的影响，甚至对他们人格的发展也能起到一定的作用。因此，父母应该谨记时刻和孩子保持亲密的亲子关系，但必须注意这并不是要求父母将孩子当成"小皇帝"，而是要和他们有福同享、有难同当。

有些家长唯恐自己的孩子受到一点委屈，有什么好吃的先让孩子吃，有什么好玩的赶紧给孩子买，结果导致孩子养成了"唯我独尊"的毛病。以后要想纠正孩子错误的习惯就会很难，因此父母一定要给孩子营造一种平等的、民主的家庭气氛。这也是良好沟通的重要内容。

（2）防止孩子过早涉入情感之河

赵兵是一名高二的学生，学习成绩一直十分优秀，父母和老师都对他寄予厚望，希望他能在高考中取得好成绩。一天，赵兵回家后看起来脸色不太好，说话吞吞吐吐的，好像要和父母说什么却又不敢说，但父母并没有追问。直到吃晚饭的时候，赵兵才说出了心里话，原来他喜欢上了班里的一个女生，很想和她在一起，也就是我们所说的"早恋"。

原以为父母会大发雷霆，因为这势必会影响他的学习成绩，而且赵兵也做好了挨训的准备。但出乎他的意料，父亲只是很平静地对他说："很好啊儿子，不过我想对你说的是，如果将来你想在县城里有所作为，那么你就在县城解决；如果你想到省城里一展宏图，那么你就到省城解决；如果你想更进一步发展，那么你就得到更大的地方去解决。"

赵兵听了父亲的话，想了一会儿，瞬间似乎明白了什么，轻松地对父亲说："我知道了，我还是以后再考虑吧！"

面对儿子的早恋，赵兵的父亲没有心急如焚，也没有大发雷霆，而是采用一种近乎奇妙的方式，轻松地就打消了儿子早恋的念头，这种方法十分值得父母们借鉴。除此之外，最值得注意的是，当发现孩子有早恋倾向时，不要急于向老师汇报，更不能跟孩子的同学打听消息，因为这样会严重挫伤他们的自尊心。

因此，最根本的方法还是应该从孩子自身做起，只有当他们的思想上有了彻底的领悟，才能解决问题。当然，我国几千年来受到传统思想的影响，使得很多家长都感觉这种问题不方便和孩子当面讲，那么书信也是一种不错的选择。这种方式能够表达出一些口头难以表达的内容，更有利于理性地思考和接受父母的观点。

（3）帮助孩子循序渐进地戒掉网瘾

高科技的发展为社会带来了诸多好处，它促使国家昌盛、经济繁荣，在21世纪的社会里，每个人都能够切身地感受到科技的魅力和带来的便利。然而，也正是应了那句话：凡事有利必有弊。

高科技所带来的负面影响也是难以估计的，最有代表性的例子莫过于对孩子的侵害，网络游戏、黄色网站、各种各样的八卦新闻等，无一不把孩子们迷得神魂颠倒，学业也因此而荒废。

当孩子因为沉溺于网络而不顾学业时，父母该怎么办？这应该是大多数父母都会碰到的难题，同时也是最让他们揪心和头痛的问题。

有些父母对孩子好言相劝，不断地向他们讲述迷恋网络的危害，甚至为帮孩子戒掉网瘾而不惜上演苦肉计。但往往事情的结果是：可以收到立竿见影的效果，孩子只能恢复几天的平静，时间一长就把父母的苦口婆心抛到九霄云外。反反复复，既浪费时间和精力，又没有什么成效。

还有一些家长，软的不行就来硬的，为了彻底戒掉孩子的网瘾，各种各样的招都用了。例如,将儿子反锁在家中,或对儿子一顿暴打,或用严厉的口气说:"再发现你去上网,就把你的手指头剁掉!"结果呢?却总是事与愿违。孩子不仅没有被吓住,反而变本加厉,"越不让我上我就越上"。

其实,上网是一个循序渐进的过程,谁都不是一开始就被网络迷住的,那么戒掉网瘾也需要一个循序渐进的过程。父母想要达到目的,就首先得让孩子心服口服地承认网瘾是有害的。其次就是要慢慢地疏导,不要期望一下子就让孩子从此和网络说再见,可以规定他上网的时间,如每天一个小时,节假日可增加一个小时等。当孩子慢慢地接受这种规律时,他就会远离"网瘾的威胁"。

在对待孩子的教育问题上,有心的父母和无心的父母所收到的效果是完全不同的,正确有序的方法和杂乱无章的方法更是有着明显的差别!父母要切记:教育不是情感,而是一门科学,它不能靠短暂的感情来支撑,而必须靠长时间细腻的沟通来进行!

## 温馨小提示

合理的教育方式,不仅对于受教育者来说十分有益,对于教育者来说也非常重要,而不正确的教育方式只会使教育的结果本末倒置,适得其反。

一些家长脾气粗暴,一看到孩子不对的地方就大发雷霆,甚至对孩子大打出手,这种教育方式是极不可取的。孩子很可能形成一种强烈的对抗心理,你越是吼他他就闹得越厉害,并且对他们的心理发展也有不利影响。

其实,父母完全可以采取另外一些方式来沟通或引导,如经常带孩子出外郊游、野餐、参加夏令营等，在这些有益于身心发展的活动中，父母与孩子之间的关系变得更加亲密，孩子对于父母的意见也能更加听从。

## 学会与青春期孩子沟通

沟通无处不在，沟通渗透于教育孩子的方方面面。如何与青春期孩子沟通？怎样才能和青春期的孩子关系更融洽？

"我女儿经常背着我发短信，我一查才发现孩子一个月最少要发600条短信，她有这么多话为什么就不愿意跟我说呢？"一位家长苦恼地说。很多家长也都有同样的烦恼。

心理学专家说，不会和孩子沟通成了如今很多家长的通病。调查结果表明，处于青春期的孩子最不喜欢沟通的对象竟然是父母。出现这种令人震惊的结果，家长有不可推卸的责任。

### 1. 了解青春期孩子的逆反心理

国外心理学家通过一项对20000多名青春期孩子的研究，发现孩子在12岁以前很愿意与父母交流他们的想法，但之后却有明显的变化，尽管父母对孩子的态度一如既往，但孩子有问题和想法，首先是与朋友谈，其次是老师，与父母交谈的次数和时间越来越少。

不少父母也明显觉得孩子变得逆反而不听话了，彼此沟通也越来越难了。作为父母必须认真分析这种现象的原因，如此才能有效地解决问题。

首先，要懂得青春期孩子逆反的客观性。青春期的孩子出现逆反心理是一个正常的现象，它并不完全是一种消极的、不良的现象。这是孩子个体自我意识分化和独立性发展的一个必要过程，孩子在这个过程中，往往会一改以前一切听从父母的做法，想自己探索，自己寻求对某些问题的看法，或找出解决问题的途径。

如果父母凡事包办，而孩子没有逆反心理，结果就是孩子完全没有独立生活能力。从这个角度来说，对于青春期孩子出现逆反心理，家长不必过于恐慌和害怕。

另外，凡事要掌握一个度，要注重它的性质，对于孩子出现的逆反心理，家长必须高度关注并积极引导。一般来说，孩子与父母逆反心理的根源主要是来自理解的障碍。

比如，青春期发展阶段的孩子有一个共同特点，就是他们只关心自己，10多岁的少年通常花大量的时间在自己的外表上，花许多时间照镜子，并且考虑能否被人们接受。

他们很注重自己的外表，常常以为别人也这样关注他们。面部的粉刺被他们视为洪水猛兽，他们可能认为所有的人都在注视自己，议论自己，而且肯定自己的父母从未经历过这类事情，不懂得他们内心的感受。

一个关于中学生的调查显示，60%以上的学生认为家长不理解自己，所以与家长沟通不畅。这样的数字让家长很心凉。通常，造成家长不理解孩子的原因主要有五个方面：一是因熟视而无睹；二是忽略了与孩子年龄的差距；三是忽略了与孩子的文化差距；四是强行塑造的主观主义；五是主观主义的家庭结构。

### 2. 学会与青春期孩子沟通的方法

家长常常埋怨青春期的孩子总和自己唱反调：你说东，他偏向西；你说不要这样，他偏偏这样。家长觉得孩子越来越难管、越来越不听话。其实，父母对孩子的关心并未减少，只是这种关心及交谈的方式较以往应有所变化，究竟该如何与青春期孩子沟通，并使他们听话呢？有关专家提出了以下几种方法：

（1）创造听的气氛

一般来讲，让10多岁的孩子特意坐下来认真交谈，这很不自然。要创造一种自然的氛围，和孩子们保留特定的时间，晚饭是分享家庭时光的重要机会，这一点不应被忽略。

如果父母对孩子们每晚所讲的内容很感兴趣，孩子会觉得有种被尊敬的感受。

（2）学会平行交谈

作为父母，无论多忙，都应留意一下孩子在干什么，并尽量抽时间与之讨论，交谈时多听听孩子的意见。

这种非对抗性环境对父母、孩子都很适合，特别是父亲，他们很少意识到这一点，采取一种平等的谈话方式，可以避开所谓的冲突。

（3）充当顾问的角色

父母给孩子建议，甚至好的建议他们也可能会不理睬你，他们需要的是顾问、支持者。

当你知道孩子犯了错误，重要的并不是急切地提出批评，而是帮助他们把事情弄明白。通常孩子们认为他们自己有能力解决问题。

（4）给予孩子个人空间

孩子不希望父母完全控制他们的生活。他们的房间是十分重要的，是他们自己的领地，在那里交谈、吃、玩，虽有许多闹声，但快乐。

过多干涉孩子的隐私，他们会有情绪和不满，如简短无礼的回答、拒绝和你去某地、几天不与你说话等。许多父母并未意识到，孩子们不想你拖着他们走，否则他们可能经常躲避你，隔阂会进一步加剧。

（5）不方便说就写下来

一些专家建议父母们写下那些孩子不愿听或拒绝听的，当你把事情、道理写下来，当孩子们安静下来，一遍遍地阅读时，可能对他们有所启发，对解决一些事情可能会更加有效。

（6）要有"统一阵线"

以前父母各抒己见时，孩子通常会以"按爸爸说的做"来结束。现在孩子大了，不喜欢这种方式了。

最好不要在孩子面前争执，偶尔孩子会听到，你必须保证当着孩子的面解决，标志着危机结束，你们彼此互相支持。

（7）与孩子一起分享

父母应该学会和孩子一起分享与孩子有关的一些信息。

专家们认为青春期是个克服的过程，是你与孩子之间重新建立关系的过程，是打开表达思想的钥匙。当你进入了这种角色，你就能体验到一种新的满足感。

### 3. 掌握与青春期孩子沟通的要诀

面对孩子我行我素的逆反行为，心理专家认为，除了掌握上述方法外，还应掌握一些要诀。

（1）理解尊重是前提

班里要去素质教育基地培训，同学们凑在一起讨论怎么分宿舍。结果一个孩子被大家分到了一个最差的宿舍，他气不过就和同学们打起来。家长得知后，来到学校，不等孩子说话，就劈头盖脸地骂起来。孩子觉得很没面子，当场就和家长打了起来。

"儿大三分客"，孩子在青春期时是很敏感的。心理专家说，遇到类似情况千万不能上来就批评孩子，要学会理解、尊重他们，可以先听听孩子的说法，只有让孩子觉得你是尊重他的，他才有可能跟你说心里话。

（2）先倾听再表态

有一位孩子的母亲得了咽炎，说不出话来，但孩子并不知情。放学后，孩子一进门就冲着母亲数落起老师的不是来。母亲想骂孩子，可干着急却说不出话，直至孩子发完牢骚。让母亲没想到的是，孩子最后竟说了一句："妈妈，谢谢你听完我说话。"

上述案例颇让人感触。可以说，孩子就像一只装满了水的杯子，只有让孩子把想法说出来，把水倒干净，家长再往里倒水才能灌得进去。同时，在孩子心情好的时候，家长以朋友的身份跟孩子聊，往往会事半功倍。

（3）幽默化解问题

有两个学生早恋，男生小马处处讨好女生小陈。有一次班里选团员，小马为了讨好女朋友，在班里振臂高呼给小陈拉票。得知此事后，班主任跟同学们幽默地解释说："小马同学很尽责，是个称职的护花使者。可拉票对其他同学不公平，我们需要重新投票。"

结果再次选举时小陈落选了。为这事，小陈很生气，说要不是因为小马她也不会落选，两人此后就分手了。

心理专家说，对于孩子早恋之类敏感的事情，千万不能采取强硬的方式，否则会激起孩子的逆反心理，要学会顺水推舟、幽默化解。概括来说，与青春期孩子相互沟通和理解的重要方法就是：平等对话、倾听孩子的自由谈、共同游戏、直接进入孩子的角色。孩子能否顺利度过青春期的决定因素是家庭气氛以及父母与孩子的沟通质量。

**温馨小提示**

青春期孩子最需要尊重、渴望独立，希望家长把自己当成大人看待。对此，家长要尽到责任、完成任务，就要做孩子的朋友。

具体做法是：用朋友的眼光看待孩子，用朋友的态度对待孩子，用朋友的话语启发孩子……扔掉家长的威严，尝试多听孩子的想法，心平气和地与孩子沟通交流，理解孩子的所思所想，给孩子适当的自由空间，这样一定能帮助孩子平稳地度过青春期，尽享和谐的亲子关系。

## 沟通能提高孩子的语言能力

家庭教育心理学提示，父母多与孩子交谈可以提高孩子的语言能力，增强孩子的交流沟通技巧。众所周知，交流沟通能力在促进人们社交健康、情感健康和个人成功方面起着关键作用。因此，交际能力强的孩子更容易结识新朋友，他们的自信心也比其他的孩子更强，生活也会更快乐。

1. 为提高孩子的语言能力打基础

孩子是父母的宝贝，父母可以宠爱孩子，但不要把孩子隔离起来，多与孩子交流沟通，哪怕每天花一点时间，只要坚持，父母收获的就不仅是其乐融融的亲情、孩子健康美丽的心理，以及锻造孩子语言能力的根基。

有的孩子沉默寡言，有的孩子则善于与人交谈。孩子在言谈能力上的差别，特别是3岁以前的孩子，其实是由父母造成的。父母与孩子的互动交流程度的深浅，可以决定孩子语言能力的高低。因为幼小的孩子正是学说话的关键时期，父母经常与孩子交流，孩子就会逐渐熟悉自己将要掌握的这门语言，从而为孩子将来语言能力的提高奠定坚实的基础。

有调查显示，有8%左右的中学生一天时间没有跟父母说过话，其中，和父母一起用餐每周能够达到7次以上的不到一半，有烦恼找父母交流的不到15%。许多孩子在童年时，父母也许没有和他生活在一起，忽视和他一起用餐，不重视陪他说话，那么随着孩子渐渐长大，父母和孩子之间就会产生一道鸿沟，亲人之间甚至像陌生人一样。

> 有一位女儿以前和爸爸的关系一直很好，可自从爸爸的事业进入重要的发展阶段之后，就很少回家了，更不用说与女儿交流了。上小学的女儿一个月很少能有机会看到爸爸，这让女儿的心里感到有一些孤独，感觉像缺了什么东西似的。
>
> 由于很少见到爸爸，平时女儿有什么心事，总是藏在自己心里，或者写到日记本里。后来，女儿变得越来越沉默，粗心的爸爸也没有在意。
>
> 直至上高三，快要高考的时候，女儿开始逃避一切事情，不想跟任何人说话，也不去找朋友玩。经常逃课去上网、夜不归宿，甚至连考试都不参加。学校将情况通知其爸爸后，爸爸对女儿大骂一通，而女儿什么也没说，在高考的前一天，离家出走了。

人与人之间的互动是一种习惯，是一种文化方式，是一种生命的自然，父母必须在孩子还在童年时就重视与孩子的交流，让孩子慢慢养成习惯。人与人之间，包括家人之间一旦形成隔阂，改善就会变得困难。

有些孩子一听到父亲的声音马上就变得沉默，一些很想表达的温暖的话语在父母面前不知道怎么开口。这样的问题在我国家庭中很普遍，父母要引以为戒。

**2. 注重与孩子沟通的技巧**

父母都希望自己的孩子活泼可爱，乐于表达。但是这些素质不是天生的，而是取决于后天的培养。既然与孩子交谈能够提高他们的语言能力，那是否应一有时间就抓住孩子东拉西扯地说个不停呢？

显然不是，这样做孩子会觉得爸爸妈妈好烦，好啰唆，反而不利于孩子的成长。在与孩子的交谈中，父母要学会把握交谈的时机，注意说话的技巧，做到循循善诱。

（1）留意孩子的反应

每次谈话的内容不要太多，时间也不要太长，留意孩子的反应，每天多谈几次。

（2）避开有争议的话题

要经常与孩子一起进餐。如果只是偶尔一同进餐，不要谈一些有争议的话题，多关心一下他最近的状况，多谈孩子感兴趣的话题。

（3）不要否定孩子

当家长想就某事提出异议时，不要完全否定孩子，要给他们树立信心。父母可以说："你的想法很对啊，真聪明，爸爸妈妈有一种想法也很好，你要不要听听？"

（4）一定要认真听孩子说话

在与孩子交谈时一定要认真听，不要三心二意。比如，妈妈正在打毛衣，孩子兴冲冲地拿着他刚画的画让妈妈看，而妈妈一定要放下手里的活儿，专心地评点孩子的画，适当地夸孩子几句。这样，既是对孩子的尊重，也能促进双方很好地交流。

与孩子交谈是一门艺术，做家长的要用适当的方式来引导孩子和自己交谈，通过彼此之间畅通的交流，既可以培养孩子良好的语言能力，提高孩子的表达能力，更可以增进父母与孩子之间的感情。

### 温馨小提示

沟通是家长培养孩子、教育孩子的一项重要内容。

沟通可以加强父母与孩子的情感交流，增进家庭的亲情与友情，避免出现家庭感情隔膜；沟通可以帮助父母了解孩子在学校的学习情况，掌握孩子的思想动态，利于对孩子有的放矢地进行教育；沟通可以提高孩子对事物的观察、分析、理解、归纳能力和语言表达能力。

## 倾听孩子的心灵之音

为什么有许多父母抱怨孩子越大越不愿意和他们交流？其实部分原因是源于孩子在小的时候倾诉的意愿没有得到完全的重视，因而渐渐地孩子也就不愿意和父母交流了。

其实，孩子年纪越小，越是代际沟通的黄金时期。对此，父母懂得倾听孩子的心灵之音非常重要，如果坚持下去，孩子即便大了，也会习惯于与父母交流沟通。

### 1. 倾听是沟通的一门艺术

不知家长有没有注意到，每当把孩子从幼儿园接回家的时候，孩子总是兴致勃勃地讲幼儿园里的事，不管你爱不爱听，孩子总是讲个没完。这时，孩子最需要的是一个忠实的听众，而家长是最合适的人选。

遗憾的是，不少家长并没有意识到孩子的这个需求，总觉得听孩子说话浪费时间，每次孩子和家长说话时，家长总是做出很忙的样子，对孩子的讲话不屑一顾。如此势必很难形成一个良好的沟通。

对于父母来说，倾听孩子说话其实是一门艺术、一门学问。倾听，能使孩子从小学会以平等和尊重的心态与人建立关系，能使孩子觉得自己很重要，更有利于孩子学会独立思考。

大多时候孩子的倾诉，并不是为了得到什么，而只是为了满足一下向自己崇敬的人、信赖的人倾诉的愿望，他只需要你耐心听完他背古诗，他只需要你分享他昨晚做的美梦，他只需要你共享他成功后的喜悦……父母作为孩子信赖的对象，不要吝于倾听。

父母对于孩子的倾诉，应静下心来，耐心、仔细地聆听，做一个好的倾听者。其实，倾听孩子童真的话语是一件很美妙的事情，满足孩子倾诉的愿望要比做其他事情有意义、有价值得多。

每个孩子都渴求被倾听，而孩子的第一个听众就是自己的父母，父母要善于倾听，有倾听的耐心，有倾听的激情。如果你发现自己的孩子不爱说话，或者说话紧张，甚至听你讲话时漫不经心，你就应该意识到，你是否犯了"不耐心倾听孩子说话"的毛病，若是那样你必须马上改正。

通过家长和孩子之间平等的交谈，家长得到的是生命的信息，而孩子得到的是自信。这种平等，是心理上的平等，它让一个孩子从小体味到了作为一个人的尊严。

### 2. 倾听孩子说话的注意事项

倾听并不是简单地听，它是全身心投入，专注地听，父母在倾听孩子诉说时，要注意以下几点：

**（1）营造轻松的谈话环境**

首先，要让孩子愿意说，就要给孩子一个轻松的环境。

其次，倾听时要讲究礼仪，要耐心、细心、热情、诚恳，除恰当地使用语言和语气外，还要善于运用态势语言。在倾听孩子谈话时，父母的表情应该自然，以微笑示人。微笑是礼貌的表示，更是和睦相处的反应。微笑能使孩子消除紧张感，使之感到亲切和平易近人，从而拉近父母与孩子之间的心理距离，使孩子愿意将心里话和盘托出。

运用表情、姿态、动作等态势语言来传递有关信息，直接表情达意，可以弥补有声语言的不足，增加倾听的效果。父母不仅要学会用耳朵听，而且还要学会用眼睛"听"，要睁大眼睛看着孩子。

眼神是表达思想感情的重要方式，在运用眼神时，既要克服呆滞和犹豫的眼神，又要避免出故弄玄虚、高深莫测的样子。要让孩子知道父母是尊重他的，以增加孩子表达自己想法的勇气。

（2）做出全心倾听的姿势

①一定要与孩子平视，不可居高临下。

②身体要稍稍向前倾，这是表示有兴趣的姿势。

③不要制造"墙壁"。如用手捂着嘴巴，两手抱着胳膊，或翻看书。这些举动对孩子来说，都是障碍。

④用眼睛"听"。要睁大眼睛看着孩子，很自然地用眼睛来表达你的兴趣和愉悦。

（3）准确地表达有关意思

随着孩子的生活经历日渐丰富、交往面日渐扩大，他想说的越来越多，但他掌握的词汇和语句还很有限，因而往往语言不完整、不丰富，甚至不准确。父母在听的时候就要帮助他们扩充词汇，加长句子引导其完整地、丰富地、准确地运用语言进行表达。

例如，孩子看到一幅图片，说："图上有白云。"

父母应补充:"图上有几朵白云在湛蓝的天空上悠闲地散步。"然后,让孩子按父母说的重复一遍。

这样既维持了孩子原来的意思,又引导了孩子,日子久了,孩子便能学会讲完整的话。

(4)倾听孩子完整的叙述

当孩子与父母分享情绪感受时,父母要不时地与孩子进行眼神接触,但不是紧盯不放地注视,同时要避免打断孩子说话,表现出注意、轻松、有兴趣了解的表情。

我们在倾听孩子谈话的过程中,用简单的诸如"太好了!""真是这样吗?""我跟你想的一样。""你的想法太好了,请继续说!""我简直不敢相信!"等话语来表示你的兴趣。偶尔点点头来表示你对他说话内容的注意,鼓励孩子继续说下去。

还有就是要保持微笑,并常常做出吃惊的样子。孩子最爱吃惊,用大人的话来说就是"大惊小怪",他们希望看到大人对自己所说的事情表示出吃惊的表情。能把大人吓住,说明自己很有本事。父母的这些表现最能流露"我关心、我正在听"的信息。

在沟通的过程中,父母倾听时千万不要到处走动、边做事边听或背对着孩子,因为这些行为可能令孩子认为你不关心他,对他所说的一切没有兴趣。此外,父母要避免对孩子说:"好啦!你想让我了解,我知道你的意思。"因为这句话常常会让孩子不想说了,而父母所谓了解也许并不完全正确,毕竟对别人的感觉我们并不能真正知道,只能猜测罢了。

(5)要蹲下来和孩子说话

孩子的世界,大人只有蹲下来才能更好地理解,父母只有学会和孩子处在同一个水平线上去看待问题,才能更好地对他们进行鼓励或批评。

特别是在批评教育方面，显得更加重要。孩子因其年幼，也许会有许多错误，父母或老师在指出时，就更应当明白孩子和大人之间的交流是平等的。用包容的心去正确引导孩子，远比用成年人的模子来束缚他们有效。

（6）要允许孩子表露情绪

父母对待孩子的情绪流露的典型反应，是采取措施帮助他恢复平静，之所以这样是因为成年人非常担心孩子会变得没理性、不能不带偏见地观察事物。

然而父母的做法却是南辕北辙，事实是，当有人给予孩子起码的关心、肯定和尊重时，孩子的情绪流露肯定会改善他的观察力和自信心。所以应当允许孩子适当地发脾气。总之，只有当孩子把父母当成可以信赖的倾诉对象时，父母才能和孩子进行有效的沟通。

## 温馨小提示

倾听是一种爱。有的时候，对孩子的话要听话听音。其实成年人的偏见是很多的，他们觉得孩子没有什么思维，孩子很简单，孩子很幼稚，孩子不懂事，其实未必。

没有倾听就难以发现。有的时候，孩子表达的只言片语都是真实的、可贵的信息。我们要学会翻译，学会追问。比如，孩子说话时的时候，你可以温柔地抱着孩子，问他：是吗？怎么回事啊？

让孩子用平静的心情把事实断断续续地说出来，你才能得到重要的信息，才能作出恰当的判断。所以说，倾听是一种爱，倾听的艺术就是教育的艺术。

# 批评孩子要注意方法

批评是常用的教育方式之一,也是沟通的一种形式。可以说,批评是一面照耀孩子灵魂的镜子,能让孩子更加真实地认识自己。

但批评不当,不仅起不到相应的效果,还会产生极大的负面效应。为此,注重批评孩子的方法十分重要。

### 1. 批评孩子的三大原则

孩子犯错误了,父母有责任批评和管教,但怎样的批评才能既有作用,又不至于伤害孩子呢?

心理专家说,在批评和尊重之间,了解孩子的承受能力,并选择适合的批评方式,会帮助父母找到平衡。

(1)注意批评的态度

批评管教少不得,而尚且年幼的孩子心灵也该得到保护,怎样掌握其中的平衡呢?教育专家说,家长保护孩子自尊的意识强了,可有时,却把对孩子的尊重和管教孩子这两件事简单对立起来了,好像保护孩子的尊严,就要放弃最基本的管教和批评。

其实,如果了解孩子在不同的年龄段对批评的接受方式,就完全可以根据他的承受能力,进行适当的批评。并且,在孩子做错事时,明确地告诉他"这件事你做得不对"是非常必要的,不能因为担心伤害,就不批评、不管教。

(2)明确批评的目的

如果我们本着尊重孩子的出发点,来选择批评的方式,批评便是公平的。不会以大欺小地指责、谩骂孩子，也不会因为他年龄小就放松管教，任由孩子一再犯错。

比如，对一个4岁的孩子，应当让他知道，用硬邦邦的玩具打妈妈的头，妈妈会很痛，他也不应该用这样的方式去对待别人。像这样的批评，并不存在不尊重或伤害。而对孩子造成伤害的批评，往往是由于我们忽略了自己该告诉孩子的重点是什么。比如，孩子打了妈妈，妈妈可能一时气急说："你竟敢打妈妈，真是个坏孩子！"但这样会把一件具体的事，扩大到坏和好的区分，给孩子留下长远的影响。

（3）注意批评的方法

批评孩子的目的是让他知道，做什么样的事会带来什么样的后果，而不是为了伤害他或给他贴上坏孩子的标签，这样就不会给孩子造成心理阴影。

教育心理学认为，批评一定要针对具体的事情，如孩子回家后又忘记洗手，父母应该告诉他，每个人回家后都要洗手，不洗手是不对的，而不要扩大到其他事情上。

而当孩子的错误举动涉及人际关系时，最理想的方式是用两个步骤去完成一次批评，即先把自己对于孩子某个行为的感受直接告诉他，然后，平静地告诉孩子，你知道他是一个好孩子，只是这次做错了。

**2. 批评孩子的六个技巧**

怎样批评孩子，里面有着不少学问。说深了，怕伤了孩子的自尊心；说浅了，又怕孩子不把批评当回事。那么，怎样批评孩子，才能产生最佳的教育效果，又不至于伤到孩子呢？

（1）要注意时间和场合

批评孩子尽量不要在以下时间：清晨、吃饭时、睡觉前。在清晨批评孩子，可能会破坏孩子一天的好心情；吃饭时批评孩子，会影响孩子的食欲，长此以往会对孩子的身体健康不利；睡觉前批评孩子，会影响孩子的睡眠，不利于孩子的身体发育。

批评孩子不应在下列场合：公共场所、当着孩子同学朋友的面、当着众多亲朋的面。

孩子的自尊心往往很强，在公开场合批评孩子，会让孩子感觉很没面子，会打击孩子的自信心，还可能会让孩子对父母心怀不满甚至心生怨恨，会影响父母同孩子之间的感情。

（2）先要冷静下来

孩子犯了错，特别是犯了比较大的错误或者屡错屡犯时，做家长的难免心烦意乱，情绪波动会比较大，很可能会在一时冲动之下对孩子说出不该说的话，或者做出不该有的举动，这都可能会对自己和孩子产生极为不良的影响，有人甚至因此而酿成千古大错。

因此，不管孩子犯了什么样的错误，在批评孩子之前，家长一定要强迫自己冷静下来。只有冷静，才能对孩子所犯错误有一个客观公正的评判，才能有利于问题的解决，才能帮助孩子找出犯错误的原因和改正错误的方法。

（3）要给孩子申诉的机会

导致孩子犯错的原因是多种多样的，有孩子主观方面的原因，但也有可能是不以孩子的意志为转移的客观原因造成的。从主观方面来说，有可能是有意为之，也有可能是无心所致；有可能是态度问题，也可能是能力不足等。

所以，当孩子犯错后，不要剥夺孩子说话的权利，要给孩子一个申诉的机会，让孩子把自己想说的话和盘托出，这样父母会对孩子所犯的错误有一个更全面、更清楚的认识，对孩子的批评会更有针对性，也让孩子能心悦诚服地接受自己的批评。

（4）可以先进行自我批评

父母是孩子的第一任老师，孩子犯了错误，父母或多或少会有一定的责任。在批评孩子之前，如果父母能先来一番自我批评，如"这事也不全怪你，妈妈也有责任；只怪爸爸平时工作太忙，对你不够关心"等，会让父母和孩子的心理距离一下子拉得很近，会让孩子更乐意接受父母的批评，还可以培养孩子勇于承担责任、勇于自我批评的良好品质，一举多得，做父母的，又何乐而不为呢？

（5）要形成教育的合力

我国有句古话叫严父慈母，很多家庭至今还沿袭着这一传统，父亲和母亲，在教育孩子方面，一个唱红脸，另一个唱白脸，其实这对孩子的成长是不利的。如果这样，当孩子犯错后，他们所想的不是如何去认识和改正错误，而是积极去寻求一种庇护，寻求精神的"避难所"，他们甚至可能因此而变得肆无忌惮、为所欲为。

所以，当孩子犯错后，父母一定要旗帜鲜明，保持高度一致，形成教育合力，共同努力，让孩子能正视自己所犯的错误并努力去改正自己的错误。

（6）给孩子必要的心理安慰

孩子犯错误后，情绪往往会比较低落，心情往往也会受到影响，父母在批评孩子后，应及时给孩子一些心理上的安慰。

可以从语言上来安慰孩子，比如说些"没关系，知道错了改正就行""我知道你是个聪明的孩子，自己会知道怎么做""爸爸妈妈也有犯错的时候，重新再来"之类的话。

也可以从行动上安慰孩子，比如握握他们的手，拍拍他们的肩，或给他们一个微笑、一个拥抱等，这样就会让孩子感到，虽然他们犯了错误，但家长还是爱他们的，还是信任他们的，他们会对家长充满感激，也会对自己充满信心。

## 温馨小提示

批评孩子除了掌握以上的原则与技巧，结合孩子的年龄也是很重要的，同样的事，对不同年龄的孩子，所运用的批评方法也应该是有区别的。

一是2岁以下，不主张直接批评。

桌上放的一杯温开水，被宝宝一不小心碰倒了，这时候，任何形式的批评和紧张，如"怎么这么不小心？""烫到没？"都是不适合的。

最好的做法是，把孩子抱开，收拾好桌面，父母提供一个安全环境，为孩子的不小心犯错负责。

二是3～5岁，直接告诉孩子结果。

让孩子自己体会行为的后果，分两种情况：一是像打碎杯子之类的小事，你可以告诉他："看，杯子碎了。"

而另外一种情况是人与人之间的纠纷，如孩子和小朋友打架了，你可以告诉他："被打是会痛的。"

对3～5岁的孩子，批评时最好不要加上正确或错误的评价，否则会让孩子给自己贴上"我很坏""我就是不会做事"的标签。

三是6岁至小学期间，适当惩罚。

6岁后的孩子犯错时，适当的惩罚是可以的，但一定要约定规则。比如，孩子去同学家玩，你跟他约定好，如："6点回来吃饭，如果没回来，星期六就不可以出去了。"

如果孩子贪玩回来晚了，告诉他事先说好的惩罚，"好吧！这个星期六不可以出去了。"不要没讲好任何规则，事后就直接惩罚孩子。

# 疏导为先平等沟通

疏导为先是沟通的一种艺术，平等沟通是一剂通心的良药，它能有效地改变孩子身上的缺点，打通孩子心理上的症结，使孩子恢复自信，培养孩子直率、快乐的性格。在对待孩子的缺点与不足上，切莫一味地强制孩子去改变，这样效果往往适得其反，正如河流一样，疏则通，堵则溢。

从某种意义上说，把孩子当作朋友是父母最明智的选择，一些高高在上、不拿孩子当回事的父母是不明智的。他们在教育孩子上也往往会是失败者。

### 1. 疏导远胜于强制

孩子是棵小树，家长应当精心扶植，疏导其成长，而不应严加捆绑或随意修剪。否则，只能把孩子变成符合父母意愿的、仅供观赏用的"盆景"。父母命令孩子做事情，或强迫他去做，是在显示父母的权力，而这种权力无非是身份、年龄或体力的差别，孩子当然无法在这些方面去与大人竞争，然而孩子的反抗心理却与日俱增。其实，这并不意味着家长不能引导和影响孩子做正确的事情，只是意味着父母没有用心去寻找不同的、有效的方法。

命令孩子做事不是一个可取之法，这往往会导致孩子的逆反心理，不但收不到好的教育效果，反而会适得其反。因此，父母的态度尤为重要，要严忌命令式的指示。

其实，对孩子的强制命令往往收效并不大，因为孩子没有弄清楚为什么要这样做或为什么不能那样做。很多成功的家教验证了这样一种有效的方法，那就是疏导远胜于强制。当父母想命令孩子干什么时，一定要先想一想：孩子不是自己的士兵。

当孩子犯了错误，家长先了解错误的原因，然后合理地进行疏导，往往比强迫孩子更有效。

### 2. 父母应成为孩子的朋友

和孩子成为朋友，便于父母了解孩子的变化，也会使孩子感到幸福快乐，有利于其改正缺点，有助于孩子健康成长。渴望家教成功的父母们，应当从成为孩子的朋友开始。

父母和孩子做朋友，是尊重孩子、信任孩子的基础。有缺点的孩子在成长进步中，更需要父母做自己最值得信赖和帮助的大朋友。现代家教中，父母们只有先学会做孩子的朋友，才能当好称职的父母。

曾有一位学生的父亲在教育孩子的问题上谈道：

> 我们从孩子小的时候就帮他分析事物，明辨是非，鼓励他对家庭的任何事情谈出自己的看法，并将与他的谈话录下来。我们把孩子的启蒙画保存好，把他的学习成绩、身高等按逐年变化绘制成线图，从小就教他唱歌、游泳、吹口琴、钓鱼，带他到博物馆参观、看展览、看节目，有空还带他到大自然中去，呼吸新鲜空气……
>
> 在各种活动中，我们不以自己是孩子的父母就说一不二，或

摆出什么都对、什么都懂的样子，而是做能给予他知识和欢乐的最知心、最可靠、最值得信赖的朋友。我们经常组织家庭会议，讨论大家共同关心的问题；由于家庭气氛民主和谐，孩子生活得无忧无虑。

孩子有事跟我们讲，从不在心里放着，出门说"再见"，进门问好，做饭当帮手，饭后洗碗擦桌扫地。平时买菜、洗菜，给父母盛饭、端汤、拿报纸、捶背。有时父母批评过了头，也不当面顶嘴，过后再解释。我常对孩子讲："我们是父子，也是朋友，我们有义务培养教育你，也应该得到你的帮助，你长大了，会发现我们有很多的不足之处，发现我们很多地方不如你，这是正常的。因此，要像朋友一样互相谅解、互相帮助。"

在家里，不管是父母，还是孩子，都是平等的，孩子提出的看法，父母都要认真思量，有道理的就接受。只有和孩子成为好朋友，才能当好一名称职的家长。

真正的朋友是无年龄、无性别、无职位、无地位之分的。与孩子交朋友，就是要看得起孩子，对他有一种认可的态度，而不是用成人的眼光、完美无缺的标准、高出孩子实际年龄的尺度来要求孩子。

否则，就会造成孩子对父母惧怕的心理，甚至是存有戒心，那么他就会敬而远之，不可能向父母袒露胸怀。父母只有与孩子平等相处，尊重他的意愿，孩子才会把你当作真正的朋友，愿意和你分享他的喜乐忧愁。

由此，父母才能给孩子真正的朋友的感觉，父母在孩子的心目中才是真正的力量源泉，父母给孩子的爱才能永不衰竭，从而成为孩子向上的精神支柱，成为孩子心灵的永久归属。

**温馨小提示**

疏导孩子的逆反心理，需要和风细雨，同样也需要"泼点冷水"，让孩子的头脑更清醒，思维更理性。经常地检讨自己的言行，有利于帮助孩子克服自己的任性。

作为家长，对于孩子的要求必须进行分析，合理的、能办到的，应当坚决办到，而对于无理取闹，就要给予批评，不作无原则的退让，否则，最终可能导致孩子的"蛮不讲理"和更大的叛逆。当然，批评的手段，我们要慎用、巧用。

# 沟通的问题要具体化

在大多数家庭里，"父为子纲"是一条永恒不变的规则，对于孩子来说，父母是他们绝对的权威，他们的话就像圣旨一样，不需要孩子同意，只需要他们执行。在这种强制的教育方式之下，沟通就会变得极为困难。如何才能和孩子建立无障碍交流，已成为我们很多家长正在研究的重要课题。

要真正地达到沟通的目的，还要求每位家长把沟通的问题具体化。孩子毕竟是孩子，在他们的思想里，一切都是那么地单纯，父母的空洞的话他们不想听；深奥的话他们不理解。具体的问题具体性地进行沟通就显得非常必要。

那么，如何做到沟通的具体化呢？

**1. 学会设计启发式问题**

由于大部分家长受到了他们成长时期的种种因素的制约，又比较难以接受新思想，因此他们教育孩子时脑海中的语言和思维是很贫乏的。所以对于"沟通"两个字都没有正确的认识，往往误认为只要自己说的话孩子听了，就算是沟通成功。这种想法的错误在于，家长没有以一个平等的身份和孩子沟通，而是采用居高临下的姿态来命令孩子。

小聪是一个14岁的小女孩，从小就是家里的掌上明珠，衣食住行，父母都给她安排得十分周到，唯恐女儿受到一点委屈。

可是，这样的生活小聪并不开心，原因就是妈妈对她的行为查得过严，她没有一点私人空间。妈妈每次和她说话时，都不是心平气和地交流，而是带有质疑和询问的口气，如"你昨天放学后回来这么晚，去哪儿了？""今天有个电话找你，他是谁？"等。此外，妈妈还偷看女儿的日记，私自拆开女儿的信件，检查女儿的房间等。

小聪对妈妈的行为实在忍无可忍，为了表示抗议，她在自己的房间里贴了一张字条：不经允许，不得随意翻动桌上的东西。还在抽屉上装了一把锁，就连日记本也是买带锁的，接电话时为了故意气妈妈，她还故意说是男同学打来的。

妈妈知道后十分生气，说女儿把她当成外人，当成小偷来防范，母女之间的关系越来越紧张。

在心理学上，有一种说法叫作"对立违抗"，它所说的主要就是"最亲近的人往往会被孩子设为攻击面"。因此，作为父母要认真地考虑一下，哪些东西是孩子能够轻易接受的，而哪些又是孩子无法接受的，权衡利弊之后再进行沟通。

在沟通的过程中，父母要会设计一些问题，如用问句的形式和孩子说话，很多专家都认为"问"是一种高级的交流形式，它能够迅速提高孩子沟通的能力，而且能够训练他们的思维和反应能力。在问的同时，最好带有一定的鼓励性，这样比较容易调动孩子的积极性。

**2. 学会设计沟通实质的内容**

大多数父母很容易陷入一种错误的教育方式，即用语重心长的口气和孩子说话，但说出来的话又没有实质性的内容，比较空洞，如"你可得努力学习啊！"

这样的表达方式，对于现在的孩子来说是不会产生效果的，同时也是无益的。因为这些话没有具体的方向，缺乏明显的可操作性，而孩子的身心发育并不成熟，他们基本上把握不住，反倒容易产生焦虑和紧张的不良情绪。

涂倩是一名初一的学生，性格十分开朗，同学们都说她是大家的开心果，只要有她在的地方就会充满笑声。

不过，在家里的她却和在学校时判若两人，特别安静，如果不是父母主动和她说话，她能一个人沉默一整天。有时候，她还特别不耐烦地对妈妈说"别再唠叨了"之类的话。

她的父母很不能理解，不知道自己到底哪里做错了，让女儿发如此"大脾气"，就连她的好朋友也觉得涂倩的做法有些不应该。

后来，涂倩终于说出了自己的想法，原来父母虽然每天都和自己说好多话，但总结起来不过只有几句话："早餐一定得吃好，不然没力气上课""路上骑车小心点，过马路时一定要谨慎""上课时好好听老师讲课""和同学好好相处""放学后赶紧回家，别在路上逗留。"每天只有这几句话，颠来倒去地说，难怪涂倩会感到十分厌烦，后来干脆就什么也不说，保持沉默。

每个父母都关心自己的孩子，一遍一遍地叮嘱孩子，生怕出事，或者是犯错误，这种心情是可以理解的。但是，这样千篇一律的话语是很容易让孩子厌烦的，有时甚至会促使他产生叛逆的心理。因此，作为父母，与孩子的沟通要做到具体化。

针对以上出现的问题就需要父母与孩子进行一次心与心的交流，对孩子有一个充分的了解，然后再帮助孩子，将以后的人生道路作一个大致的规划，为他们制定出一个又一个的小目标，既具体又能催人向上，让孩子每一步都体会到成功的乐趣。

### 3. 学会具体问题具体分析

在具体地和孩子进行问题的沟通时，父母需要注意以下两个方面：

第一，根据孩子的性格，用孩子易接受的语言。每个孩子都有不同的性格特点，有些孩子比较外向，而有些孩子则相对比较内向。因此，父母应该根据孩子不同的性格特点，有针对性地和其进行沟通，尽量使用适合他们的方式，才能取得良好的效果。

第二，在具体的沟通过程中，要尊重孩子。尊重孩子，向来都在教育孩子的问题中占有重要地位，人人都明白，人人都会说，可谓一个老生常谈的问题，但是，往往说了无数遍却还是没有多少人能真正做得到。

父亲正在书房里工作，儿子突然走了进来说道："爸爸，陪我一起去公园玩吧！"

这个时候，父亲会怎么回答呢？有的父亲会说："找你妈去。"也有的会说:"你这孩子真不懂事,没看我正忙着吗,一边玩去。"更有的会说:"哎呀!赶快出去,别烦我了!"等。其实,这就是典型的不尊重孩子的表现。

其实,这时是跟孩子进行交流的最佳时机,你可以明白地告诉孩子你的工作需要完成,可以这样和孩子说:"爸爸还有工作没有做完,如果要陪你去玩而完不成的话,就像你们老师批评没有完成作业的学生一样,爸爸也会受到责备的。"或者,可以先把工作放一放,和孩子约定好玩的时间,时间一到就回来……

## 温馨小提示

积极的方式是要以一种具体的问话,通过鼓励的方式循序渐进式地与孩子沟通,这样就比较容易调动孩子的积极性,而且能够把握住孩子思考、行动的方向。

# 第二章　培养孩子的阳光心态

　　培养孩子的阳光心态，对父母的心理素质提出了较高的要求。在日常生活中，父母要重视孩子阳光心态的培养，自己首先要有阳光的心态。父母对自己所从事的工作、对孩子对亲人要有爱有情，更要有责任感。

　　为了培养孩子的阳光心理，父母不妨记住三句话，即"我是重要的，我是能干的，我是快乐的"。这样，阳光、智慧的父母一定能够培养出阳光、智慧的孩子。

# 了解阳光心态的特质

每一个人都渴望拥有灿烂的人生，但真正能够活得精彩无限、有滋有味，却是那些始终以积极的方式回应生活的人。

所以，培养孩子的阳光心态，就意味着父母在为孩子构筑灿烂的人生，这也是父母施以孩子最大的爱，它能使孩子享受到最大欢乐和幸福。

### 1. 阳光心态的重要意义

所谓阳光心态，就是指一种积极、宽容、感恩、乐观和自信的心智模式。生活是一种态度，倘若一个人能拥有阳光的心态，那么他就能良好地驾驭自己，这就可以为他开拓精彩的人生输送极其宝贵的能量。

父母作为孩子的人生导师，必须懂得阳光是世界上最光明、最美好的东西，它能驱赶黑暗和潮湿，温暖人们的身心，并且阳光的心态对我们的思维、言行都有导向和支配作用。人与人之间细微的心态差异，就会产生成功和失败的巨大差异。

阳光心态的人视失败为垫脚石，消极的人视失败为绊脚石。阳光的人在忧患中能看到机会，消极的人在机会中能看到忧患。阳光的人用心态决定成败，消极的人用成败决定心态。阳光的人用心态驾驭命运，消极的人被命运驾驭心态。

心理学家米切尔·霍德斯说:"其实,我们周边的环境从本质上说是中性的,是我们给它们加上了或积极或消极的价值,问题的关键是你倾向选择哪一种。"

生活中不能无限制地任凭情绪发展,压抑也不是最好的方法,尽管对于情绪要适当地控制。许多人在心情不愉快时,会使自己陷入一种含有敌意的自暴自弃当中,实际上,如果能转换一个角度,客观地评价和对待你所面临的问题,结果就会有所不同。

心态影响人的能力,能力影响人的命运。所以父母必须重视对孩子阳光心理的培养,这对孩子的未来大有裨益。

**2. 阳光心态的主要内涵**

阳光心态的内涵主要包括以下三个方面:

(1)认识自我,追求更好

认识自我是自我发展、自我教育的前提,每个人都应树立明天比今天更美好的目标。

这就要求父母审视自己的孩子,他有什么特点、与别的孩子有什么差异,并从小鼓励孩子努力做最好的自己。

(2)真诚善良,宽容尊重

人是社会中的人,需要与他人相处、沟通和交流,做人首先要真诚,要有爱心。

因此,家长一定要从心理上呵护孩子,平时要学会倾听,倾听不仅仅是一种行为,更是对孩子的一种尊重。家长还要注意宽容孩子的错误。孩子是未成年人,是在成长和发展中的人,从某种角度上讲,犯错误是孩子的权利。

每个人的人生之路总是不平坦的，家长要让孩子懂得成功固然精彩，而失败是成功之母，让孩子能平静地经受失败，以增强其受挫能力。

（3）心态平和，积极快乐

要做到心态平和，关键是要有一颗平常心，也就是对己对人不强求，顺其自然，不以物喜，不以己悲。

例如，孩子在学习上要能从自己的水平出发，同伴之间要相互学习，取长补短；更要自己和自己比，只要自己在不断进步，就是好样的。要有信心，在日常生活、学习和人际交往中，保持一种积极向上、乐观向上的心态。

### 温馨小提示

生命需要阳光，其实心态更需要阳光。哲学家亚里士多德说，生命的本质在于追求快乐，使生命快乐的途径有两条：第一，发现使你快乐的时光，增加它；第二，发现使你不快乐的时光，减少它。

阳光心态的人不是没有黑暗和悲伤的时候，而是他们追寻阳光的心灵不会被黑暗和悲伤遮盖罢了。

## 阳光心态要从小培养

阳光的孩子心理健康、性格开朗，父母大都希望自己的宝贝成为阳光的孩子。可尽管拥有这样的美好愿望，但为什么仍然有不少孩子内心抑郁呢？

生活中，一些父母不懂得如何尊重孩子的意愿，结果导致孩子心理孤僻和灰暗。那么，该如何培养孩子的阳光心态呢？

## 1. 尊重与理解是关键

一个真正爱孩子的家长，不管他对孩子有什么样的期望，最终都可以归结到希望孩子将来能拥有幸福快乐的人生上去。对此，家长应充分认识到，幸福快乐其实是一种能力，这种能力要从小开始培养，具备这种幸福快乐能力的孩子我们就称为阳光的孩子。

阳光的孩子是快乐的、有爱心、有活力的孩子，只有培养阳光的孩子父母最终的心愿才不会落空。

王女士的儿子久久性格开朗，思维活跃，是个人见人爱的好孩子。他平时和其母交谈时就像跟朋友交谈一样。老师也经常夸奖他，说他在校和同学相处非常融洽，并且学习成绩也不错。王女士告诉大家，她最大的成功就是培养出了一个具有阳光性格的孩子。在日常生活中，王女士从不逼迫孩子去做他不愿做的事情，孩子犯了错误也只是旁敲侧击地提醒他。

有一次，王女士带着孩子去一家钢琴培训班准备让孩子学钢琴，但儿子一坐到钢琴前，就用拳头去捶打琴键。王女士敏锐地觉察到孩子对钢琴没有什么兴趣，所以立即中止了让孩子学钢琴的念头。慢慢地，王女士发现孩子对花花草草和玩泥沙感兴趣。于是，节假日王女士就带着孩子去野外玩，引导他观察大自然，培养他的好奇心。

在日常生活中，一些父母总认为孩子是自己生的，有权利支配他，把自己的意愿强加给孩子，这样不仅不能让孩子健康成长，甚至会影响孩子的性情。要想培养孩子的阳光心态，父母应理解孩子，尊重孩子的爱好，并顺应其天性自然发展,让孩子的心灵得到尽情释放,这样有助于增强孩子的自信心,对孩子以后的性格发展帮助很大。

### 2. 多挖掘孩子的潜质

虹瑜是惠州市第二机关幼儿园的老师,她在这个岗位上已经工作了将近20年,在对于培养孩子的阳光性格方面有着独特的见解。她说,老师和父母平时应多角度去观察孩子的兴趣、特长,从中挖掘孩子的潜质,并经常鼓励孩子,这对培养孩子的健康心理很重要。

虹瑜介绍,有一个学生,平时胆子比较小,但语言词汇丰富,记忆力相当好,并且脑子也转得快。在孩子即将离园时,幼儿园要为他们举行毕业典礼晚会,要找一个学生和老师共同主持。

"我当时没有过多考虑就选定了这个孩子,让他一周内把台词背熟,然后再让他在班上预演了几次,别的我不太担心,只是担心他胆量不够。在预演中,他的胆子变得越来越大。晚会上,果真不出我所料,孩子表现得非常出色。"

自信让孩子变得阳光、爽朗。父母在和孩子相处时,要多一些微笑,少一些责骂和说教,让孩子因为父母的关爱而懂得珍惜生活、热爱生活;入学后的孩子,更会因获得父母的赞同而变得快乐、坚强、自信。

## 温馨小提示

对于阳光孩子来说,他们很少走弯路,几乎每走一步都能作出正确的选择。当人们惊异于他们光芒耀眼时,却不知成功对他们实际上只是一种习惯,因为他们具备了成功的思维、素质,如此成功只是水到渠成的事情。

# 不让虚荣心扭曲自尊

虚荣,简单地说就是一个人过于追求表面上虚假的荣誉,也是一个人过于自尊的一种表现。有很强虚荣心的人,往往竭力地去追求浮华、虚名,由此会表现出一种不正常的荣誉观。

从教育心理学的角度来说,虚荣心一旦侵蚀到孩子的内心,并发生膨胀,就会扭曲孩子的自尊心。所以父母必须重视对孩子这方面的教育。

**1. 虚荣心的特点**

心理学认为,虚荣心是自尊心的过分表现,是为了取得荣誉和引起普遍注意而表现出来的一种不正常的社会情感。虚荣心是一种被扭曲了的自尊心,它追求的是一种脱离了自己客观实际而夸大了的虚假的荣誉,俗称"打肿脸充胖子""死要面子"。

一般来说,虚荣心具有以下特点:

(1)具有一定的普遍性

虚荣心是一种常见的心态,因为虚荣与自尊有关。人人都有自尊心,当自尊心受到损害或威胁时,或过分自尊时,就可能产生虚荣心。

(2)为了吸引别人的注意

为了表现自己,常采用炫耀、夸张,甚至戏剧性的手法来引人注意,如用不男不女的发型来引人注目。

(3)一味地追赶时髦

时髦是一种社会风尚,是短时间内到处可见的社会生活方式,其制造者多为社会名流。虚荣心强的人为了追赶偶像，显示自己，也模仿名流的生活方式。

（4）华而不实很浮躁

功名心是一种竞争意识与行为，是通过扎实的工作与劳动取得功名的心理，是现代社会提倡的健康意识。而虚荣心则是通过炫耀、卖弄等不正当的手段来获取荣誉的不健康心理。

虚荣心很强的人往往是华而不实的浮躁之人。这种人在物质上讲排场、搞攀比；在社交上好出风头；在人格上很自负、嫉妒心重；在事业上无踏实的作风。

虚荣心的表现主要是由家庭原因造成的。现在许多父母从小溺爱自己的孩子，总喜欢讲自己孩子的优点，甚至在亲朋之间也炫耀自己的孩子，亲朋为了礼貌也都讲孩子的优点，孩子在生活中一直听到的都是一片赞扬声，很少有人讲孩子的缺点，这样也就慢慢形成了孩子的虚荣心。

### 2. 虚荣心的危害

法国哲学家帕格森这样说过："虚荣心很难说是一种恶行，然而一切恶行都围绕虚荣心而生，都不过是满足虚荣心的手段。"由此可见，虚荣心对孩子而言，是一个不良的心态，其危害性是较大的。

首先，有虚荣心的孩子，不善于发现自己的缺点，即使发现了也不敢正视自己的缺点，甚至掩盖自己的缺点。其次，有虚荣心的孩子也不能认真学习，对不懂的课程也不愿意提问，由于这种心态的影响，学习成绩慢慢下降，从而使自己对学习失去了信心和兴趣。

有虚荣心的孩子，在情绪上也是不稳定的，经常波动，当自己的成绩好时，就高兴；当别人成绩好时，又会产生自卑的情绪。有虚荣心的孩子，做事情缺乏坚强的意志，当碰到一点挫折时，就失去信心。有虚荣心的孩子也容易对朋友产生猜忌，从而与周围人的关系不太融洽，往往比较孤立。可见，虚荣心对孩子的成长具有极大的妨碍作用。

### 3．克服虚荣心的方法

解决任何问题都要讲究方法，所以对于虚荣心较严重的孩子，父母应根据虚荣心产生的原因来帮助孩子克服这一缺点。

（1）培养成就大业的奋斗精神

虚荣心产生的原因之一是过短的眼光，过少的努力。过短的眼光只看眼前利益，胸无大志，斤斤计较名利得失，而不放眼未来；过少的努力指不能脚踏实地付出艰苦的劳动，创造赢得荣誉的资本。

比如，一个想成就大业的人，其强烈的求知欲促使他放弃虚面子而不耻下问，并为之付出艰辛的努力，个人得失完全抛到脑后。从这个意义上讲，除虚荣的根本在于除自私，以整体和长远利益为重，乐于奉献。

正如一位哲人所说："虚荣者注视自己的名字，光荣者注视祖国的事业。"只要人们能胸怀祖国大业，并为之奋斗，虚荣心自然也就毫无栖息之地了。

（2）培养坚强的意志与坚定的信念

虚荣心有时并不是由自己自发，而是因群体的影响引起。比如，在接受某一新观点时，绝大多数人表示理解和支持，而自己却不能苟同，但由于碍于面子也不得不加入其行列，如不懂装懂，这种虚荣心是由于本身固有的意志薄弱、信念不坚定的心理品质在外在压力或影响下而表现出来的，这也是从众的一种表现。

从众是指个人因受到群体压力而在知觉、判断、动作等方面做出的与众人趋于一致的行为。虚荣心与从众既有不同又有联系。但不论是排除虚荣心，还是克服从众心，都需要全面考虑问题，分析其利弊，不能削足适履。从这个意义上讲，坚强的意志与坚定的信念是医治虚荣的"良药"。

（3）培养自信自尊，练就过硬本领

虚荣均有两面性：一是自我贬低，自己勇气不足，看不起自己；二是唯恐别人贬低自己，看不起自己。虚荣的自我贬低不同于自卑，自卑是干脆甘拜下风，而虚荣是既怀疑自己而又不甘拜下风，不得不违背客观实际，弄虚作假。

唯恐别人看不起自己，归根到底还是自己没有什么能耐，心虚。从这个意义上讲，克服虚荣主要靠自信、自尊和练就过硬的本领。

因此，家长可以利用孩子的虚荣心理，使孩子努力学习，在各方面都取得进步，使虚荣变成实实在在的荣誉，从而克服虚荣的心理。

### 温馨小提示

为了防止孩子滋生虚荣心，家长必须在生活中注意一系列细节。父母要时刻注意自己的言行，不要让自己的虚荣心在孩子面前表现出来，以免孩子模仿。更重要的是，要时刻注意孩子的心态。

要时刻启发孩子，对任何生活细节都要认真对待，不过分炫耀自己。父母既不要过分夸大孩子的优点，也不要掩盖孩子的缺点。应该要求孩子正确对待自己的优点和缺点，对自己有一个正确的评估，这是防止产生虚荣心的重要方法。

## 帮助孩子克服焦虑心理

焦虑是与阳光心态格格不入的一种心境，是一种常见的消极情绪，它是低沉、灰暗的情感基调，它会使人的信心降低乃至丧失，往往会对人生产生不可忽视的干扰作用。

### 1. 焦虑产生的原因

近年来，患焦虑症的孩子越来越多。据有关报道，专家通过对万余名学生的抽样调查，发现有32%的中小学生存在明显的心理问题，如厌学、抑郁、焦虑、恐惧等。

其中，焦虑症状更为普遍一些。究其原因，主要是过重的学习负担和不当的家庭教育方式所致。那么，孩子的焦虑症到底是什么原因造成的呢？

（1）家庭环境不和谐

家庭是孩子的避风港，家庭和睦可以培养孩子活泼聪明的天性。相反，夫妻不和会给孩子的心灵造成难以愈合的创伤，孩子的情绪会变得焦虑。

家庭不和谐会使孩子痛苦难言，受伤的心灵、受压抑的性格和焦虑的情绪会使孩子万念俱灰、悲观厌世。这种焦虑状态如果不能得到调节和解脱，就会毁掉一个人。

（2）家长期望值过高

望子成龙几乎是所有父母的心愿。为了能使孩子早日成才，有多少父母处心积虑，呕心沥血，甚至踏破铁鞋为孩子寻觅成才的路。

但是，人们往往会因情急心切、不明方向、不究方式而落得事与愿违。

（3）惧怕考试生焦虑

读书、升学、就业是家长对孩子的期望，但家长过高的期望值，会产生强烈的负面效应，给孩子造成严重的焦虑心理。这种焦虑会使孩子在考场上情绪激动紧张，甚至会因恐惧而出现怯场现象。

有的孩子考前患得患失，神经紧张，不能保证必要的睡眠时间；在考场上则头昏眼花，注意力不集中，思维迟钝，严重干扰和影响了正常水平的发挥。心理学家认为，学生惧怕考试更多的是惧怕失败。有的考生心理承受能力较差，一旦头场考试失败后就担心下一场又失败，结果造成恶性循环，失分现象接踵而至。

**2. 消除焦虑的方法**

父母必须关注孩子的这种心理，只有帮助孩子消除焦虑，建立自信，才能帮助孩子坚强地构筑起壮丽的人生大厦。

（1）创造良好的家庭环境

家庭环境是孩子的天然课堂，父母是孩子的启蒙老师。孩子整体素质的基础，是从小在父母身边耳濡目染、潜移默化的熏陶。要想把孩子培养成自信、豁达、活泼、开朗的人，家庭环境一定要整洁、朴实、条理、明快；家庭成员之间要和睦、民主、互敬、互助。

（2）给予孩子适当的指点和帮助

在孩子成才方面，父母要依孩子的天性、爱好、兴趣给予适当的指点和帮助，要不急不躁。在家庭中应尽力为孩子开辟一个属于他自己的学习生活小天地，最大限度地满足孩子的求知欲。

（3）不要对孩子要求太高

作为父母，应当准确把握孩子的考试情绪，不要有意无意地给孩子施加压力，要采取平和的态度。父母望子成龙的心情可以理解，但应该看到，孩子准备考试已投入了很多时间和精力，即使达不到理想的成绩，只要尽力就行了。千万不要对孩子唠唠叨叨，嘲讽挖苦，或者板着脸不搭理，这样会使孩子感到压抑，或是出于逆反心理而对抗，加重孩子的焦虑。

孩子焦虑症的患病机制是多种多样的，即使患了此症也不要怕。作为父母，首先要带孩子接受心理治疗，心理医生可以帮你找出孩子焦虑的原因。相信通过心理医生与父母的共同努力，一定会帮助孩子顺利度过焦虑期。

### 温馨小提示

焦虑是一种不愉快的情绪。作为家长，要帮助孩子正确地认识自己的焦虑，并鼓励他们勇敢地面对焦虑，从而用积极向上的态度、坚强的毅力去击碎它，使孩子健康快乐地学习和生活。

## 摆脱悲观失望的心理

心理学家认为，失望的心理简直就像普通的感冒一样，这种心理几乎每个人都有过。差别就在于有的人很快就能摆脱失望，而有的人却被失望长期羁绊着。其实感冒并不可怕，失望也是如此，只要你尽快治疗、尽快作自我调节，很快就能从失败的阴影里走出来，精力充沛地工作、学习。

著名的发明家爱迪生说："失败也是我需要的，它和成功一样对我有价值。"失败对于有志者来说，往往是动力的来源。面临失败我们不要悲观失望，而是要在失败中崛起，找出失败的原因并寻求进取之策，做到不达目标不罢休。

### 1. 失望是不成熟的表现

每个孩子都具有积极向上的进取之心，这与他们强烈的求知欲、自尊心和好胜心是密不可分的。

但由于他们没有经验，思考问题时也不周密，往往带着浓厚的情感色彩去看待周围的人和事。然而，有时还片面地坚持己见，对老师或集体的要求，合乎己意的就去做，不合乎己意的就盲目地拒绝。

他们不能很好地控制自己，总是凭着自己的冲动去做事，如果事情成功了，就会为此沾沾自喜；如果事情没有做好或者失败了，他们就会悲观、失望、懊恼、后悔，从此一蹶不振。这一切都说明了他们意志和品质的发展还不成熟，缺乏自制力和自控能力，所以，摆脱不了失望的困惑。

其实，人生在世不如意的事十有八九。青少年在生活和学习中遇到挫折时都会有一种失落感，有些青少年会因此产生放弃学习的念头。

在这个时候就需要我们认真思考一下了，在这反复挣扎的过程中，我们应该怎样面对失败和挫折呢？有这样一句话：蜘蛛不会因为一次网破而不再吐丝，蛹也不会因为要面对破茧的痛苦而甘于死在茧内。所以，青少年在遇到挫折和失败时，不要一蹶不振、悲观失望。

此时，我们应该像蜘蛛那样保持积极向上的精神，像蛹那样不屈服于困难和失败，相信自己终有一天会走向成功。只要我们坚持不懈，不屈不挠，只要我们肯为目标而努力奋斗，就一定会摆脱失望，走向成功。

成功是需要我们在失败的时候勇于面对、积极向上、锲而不舍、不畏困苦、笑对失败。这样，成功就会离我们越来越近。

**2. 摆脱失望，要经得起考验**

有成功就有失败。然而，成功可以给我们带来喜悦的心情，失败则会让我们感到失望、懊恼。这些事情在生活中都是很常见的，有的青少年成功了就兴奋，失败了就沮丧，甚至被失败彻底打倒，长久地沉浸在失望的情绪中，不能自拔。

那么，青少年应如何摆脱失望的心理呢？

（1）正确对待失望情绪

青少年要认清在人生的道路上失望是不可避免的，不要因此而逃避。其实，期望不只是一个点，它还具有线和面。

这样的好处是一旦遇到难遂人愿的情况时，我们就有思想准备放弃原来的想法，追求新的目标。比如，你去剧场听音乐会，你原先以为自己喜爱的歌唱家会参加演出，不料他却因病不能演出，你当时可能会感到失望。

可是这时如果你将期望的目光投向其他歌手，你就会抛弃失望的情绪，慢慢地就会沉浸在音乐的旋律中。内心也就会充满喜悦。

（2）确定自己的奋斗目标

目标对于每个青少年来说都非常重要。然而，确定自己的目标时要根据自身条件和客观情况，切记目标不要过高，否则可能会带来负面影响。

如果你的数学成绩很一般，可你却期盼在数学竞赛中能拿第一名，其结果难免失望。如果你对外语一窍不通，而你却想很快当上外语翻译家，那岂不自寻失望吗？

在现实生活中，如果你所做的事情与实际期望的不符合，那期望越高，失望就越大。我们要根据自己的实际能力来确定相当的目标，这样就能减少失望的情绪。

（3）战胜困难和挫折

在这个世界上，没有人事事顺心，也没有一个人在一生只有幸运而没有困难。那些成功的人，往往都是历经艰难、百折不挠、坚持不懈，在一次次的失败中爬起来，他们在每次失望中重新树立自己的信心和动力。

就像爱迪生一样，在研制灯泡的试验中经历了10000多次失败才取得了成功。倘若当时爱迪生知难而退，那么，他就不可能发明电灯了。这说明，要克服失望的情绪就必须要经得起挫折和困难的考验。

（4）正确接受各种批评

青少年受到批评时，不要为此感到失望、不平和愤怒。此时，你应该吸取教训，把所有的精力用来制订一项明确的计划，用来平息批评并重新起步。

不要把时间和精力浪费在彼此的抱怨上，应该积极向上，为自己的下一个目标而努力奋斗。

（5）时刻充满胜利的希望

学习、生活是一个复杂而漫长的过程，也是一个连续不断的过程。有些青少年的失望，恰恰是把所有希望都割断了。

如果我们把读书和学习看成一个循序渐进、连续奋斗的过程，那么，对成功和失败的看法也就截然不同了。所以，青少年要时刻充满希望，把握以后的每次机会，摆脱失败，走向成功。

## 温馨小提示

在生活中失望多了，人们就会有挫折感，觉得事事都不顺利，所以家长应教育孩子充满希望而不是充满失望，使他们懂得不要因一时的失败和挫折而长吁短叹，不要因路途坎坷而灰心丧气，不要因厄运临身而意志消沉，落泪和沮丧不是我们所需要的，只有努力拼搏才能摆脱失望，才能燃起希望之光。

# 改变冷漠的心理

冷漠指的是对他人冷淡漠然的消极心态。在现在这个开放的社会中，这一代青少年没有了封闭的苦闷。但大多数独生子女在特殊背景中令他们享尽了家庭的宠爱，在很少受挫折的成长背景中使他们产生了消极的冷漠心态。

冷漠属于一般的心理问题，它是情感反应的自我控制。因为受人欺骗等使一些青少年逐渐失去了热情、集体主义精神，变得冷漠、自私、不团结友爱等。

1. 冷漠心理产生的原因

目前，有一些青少年存在一种心理冷漠化的现象。它的主要表现是对别人怀有戒备心理，甚至有敌对情绪，有这种现象的青少年从不与别人交流思想感情，对别人的不幸冷眼旁观、无动于衷，没有同情心。

小江是某高中的学生，学习不是太好，且他本人在班上不管对谁都非常冷漠。没办法，老师只好把小江的母亲请到学校交流情况，最后老师让小江当着母亲的面对今后的行为表个态，小江只有一句话："以后好好做。"之后，无论老师怎么追问，他都不再说话了。

在这次交流过程中，小江的母亲和小江的态度也是一样的，老师问一句小江的母亲回答一句，从不主动提出问题。

可见，小江有一种极其严重的冷漠心理。其实，冷漠的表现并不是在任何场合下都会产生的，它一般是在不和谐的群体或陌生的环境中出现。在这种场合下进行人际交往，就会显示出对人对事漠不关心的态度，觉得一切都与自己无关。

但在受到亲朋好友尊重或家庭成员无微不至的关怀时,一般就不会出现这种态度,即使偶尔出现,只要了解原因并予以解决,冷漠也能迅速去除。青少年朋友们产生冷漠的心理主要是来自家庭、社会、学校、学生自身四个方面。具体原因如下:

(1)家庭溺爱

因为在家中备受宠爱,在这种家庭中,就成了一个中心点,所有的事都围着一个人转,结果导致青少年缺乏独立性,意志力薄弱。

这样一旦离开家庭,稍遇困难便会发愁,只知道要求别人关心、爱护、让着自己,不会想着去关心别人、爱护、理解别人,久而久之必然缺少朋友,形成冷漠的性格。

(2)父母影响

对没有热情和关心,相处都是公式化的模式。因为父母的冷淡,在与人相处时不知该怎么办,只好什么也不说,这种行为在旁人看来就是冷漠孤傲,久而久之便没有人与他交往,而这时心理就会受到伤害,为了不使别人觉察到,便以冷漠掩饰自己。

(3)自身因素

有时青少年容易产生自闭的心理。整天只知道埋头学习,从来不重视与集体和他人的交往。有严密设防心理,由于害怕受伤从不与别人交往。

对自己的期望过高、好高骛远,因此产生了理想与现实的矛盾,在心中产生不满或失望的情绪,因而产生了对人对事的冷漠心理。

2. 克服冷漠心理的方法

冷漠非常可怕,它使人对周围的一切漠然视之、麻木不仁。这样,只能使人成为玩世不恭、消极混世的自怜者,因此,我们家长要帮助孩子克服冷漠的消极情绪。

（1）营造良好的生活环境

在学校，要引导青少年树立良好班集体学习气氛，经常参加一些有益的课外活动，使其通过集体努力建立起强烈的集体意识和增强集体荣誉感。

家庭是青少年品德形成和发展的摇篮。家长要给孩子创造一个好的成长环境，如果孩子取得了优异的成绩，要鼓励其再接再厉。在日常生活中，遇到困难和挫折时，要让孩子在生活中、在困难中找回自我，增强自信。

（2）重视自己的爱心行为

要多给自己的爱心行为进行适当的鼓励，这样的行为会受到很多人的肯定，就可以抑制冷漠心理的产生。

（3）树立科学的态度

冷漠心理必须要用科学的态度来转化。根据自己的自身水平提出恰如其分的要求，通过自己的努力而达到目的，让成功的喜悦慢慢消除自己冷漠的心理。

（4）重新塑造自己的形象

具有冷漠心理的人最怕别人知道自己心中的隐痛了。一旦有人提到或触及类似问题，就会非常敏感。克服这种不良心理，首先要充分肯定自己的长处，平时多给自己创造成功的机会，减少挫折，慢慢地就会使自己在自我心目中重新塑造美好的形象，就会很快地走出冷漠心理。

（5）加快促进自我转化

造成冷漠心理的原因很多，其中最主要的一点就是理想和信念的丧失。应该说，刚跨入学校时是充满热情的，但是在沐浴学校生活的阳光雨露、领略社会的春风的同时，不可避免地要碰到各种各样的问题，遇到一些令人百思不得其解的事。

这时候，心里便会产生矛盾和动摇，对待自己的这种冷漠，要从本质上去理解问题，把熄灭的理想和信念的火炬重新点燃。

健康成长，不仅仅是物质上的满足，更重要是在心灵上给予更多的安慰和支持。要在内心空虚或苦闷时有一个适当的发泄空间，让自己的心灵世界由荒漠变成绿洲。

### 温馨小提示

具有冷漠心态的孩子往往很难摆脱烦恼，却又很容易触景生情，时常有愁闷、痛苦的感觉。因而，应根据他们的心理特点，进行心理健康教育，给他们营造良好的心理气氛，并辅之以各种有益的活动，增强各自的心理活力，培养他们较强的适应能力和自制力。

如此，有助于使他们冲淡各种苦闷，转移其情绪，排除各种干扰，达到矫正冷漠心态的目的。

## 将抑郁心理排解一空

青少年抑郁是主体的需要未能满足又觉得无力改变现状，无力应对外界压力而产生的一种消极情绪，常伴有厌恶、痛苦、羞愧、自卑等情绪体验。对大多数人来说，抑郁只是偶尔出现，很快便会消失。

但也有少数青少年长期处于抑郁状态，甚至导致抑郁症。性格内向孤僻、多疑多虑、不爱交际、生活中遭遇意外的挫折、长期努力得不到报偿的人更容易陷入抑郁状态。

### 1. 抑郁是青少年面临的一种心理障碍

抑郁是一种不愉快的心境体验。青少年抑郁障碍主要是以抑郁情绪为核心，伴有相应的思维改变。主要是由于在学校发生的矛盾而感到环境压抑，常常因此而心烦意乱、郁郁寡欢，有时逃学甚至要求转学等。

对自己喜欢的事情失去兴趣，情绪低落，思维活动迟缓、行为和动作迟缓，上课不专心听讲，常常因疲劳而失眠、头晕胸闷不愿与父母或其他人交流，情绪严重者还会有自杀的念头和行为。

例如，上课时注意力不集中、思想矛盾或缓慢、行为反应迟钝或激烈、缺乏自信等。抑郁心境是指在长时间内所体验到的占优势地位的一种抑郁情绪或抑郁心情。抑郁症是一种较持久的忧伤情绪体验，它往往被躯体症状所掩盖。

小申有点内向，总觉得自己什么都不行，什么事情都做不好，是别人的麻烦，觉得自己很笨，书读得不好，觉得自己对不起父母，喜欢的人不能对其表达，经常因为一句话、一点小事就不开心，没有信心，自卑感很重，觉得别人不关心他，甚至有了自杀的念头。

研究显示，青少年的患病率直线上升。其中有1/5的青少年有情绪障碍，大多以抑郁为主。有关资料明确显示，青少年时期的抑郁患病率是0.4%~8.3%，而且，男女生之间的比例为1∶2。其发病率的原因与遗传因素、青春期的生理变化、认知能力及社会文化因素有关。

### 2. 抑郁心理的具体表现

抑郁是长时间的心情低落状态，多半是因为焦虑、身体不舒服和睡眠不足等障碍造成的，这种现象具有较强的隐蔽性。这是最常见，同时也是最不容易识别的心理障碍。

（1）不断更换环境

可能在学校里发生过一些矛盾，使有抑郁心理的青少年感到沉重的压力，经常心烦意乱使其不能安心学习，迫切让家长为其换班级和学校。

当到了一个新的学习环境时，其心态还是与以前一样没有好转，还认为新环境里的一切都不尽如人意，因此，就反复地要求更换环境。

（2）情绪忧郁或低落

有些青少年朋友遭受挫折或失败时，不能从困难中崛起而情绪抑郁或低落持续在两周以上，这些不良反应都是青少年抑郁心境的重要表现。

（3）目标理想没实现

不能一帆风顺达到目标和理想，而感到忧伤和痛苦。例如，为考不上名牌大学而愁眉苦脸等。

（4）认知感知能力弱

因为缺乏精力，而导致自己的认知能力或感知能力减退，使自己在学习、生活及社交中的效率明显下降。

（5）潜意识存在不良心理

有些青少年一到学校或教室就会感觉头晕、恶心、四肢无力等，只要离开这个特定的环境，一切就会正常。这些表现都是潜意识的不良心理。

（6）内心情感表达差

有的青少年不能正常地向别人表达心中的愉快和不满，尤其是不能用表情表达出来。这种行为就是情感或情绪的表达障碍。

（7）与父母情绪对立

因为父母的管教过严，处处与父母对着干。例如，不整理自己的房间、衣鞋乱扔、不按时完成作业等，较严重的夜不归宿、离家出走等。

### 3. 消除抑郁的有效方法

情绪抑郁的主要表现是：情绪低落，思维迟缓，郁郁寡欢，闷闷不乐，兴趣丧失，缺乏活力，反应迟钝，干什么都打不起精神，不愿参加社交，故意回避熟人，对生活缺乏信心，体验不到生活的快乐，并伴有食欲减退、失眠等。抑郁心理严重地影响了青少年健康成长。

那么，有抑郁心理的青少年应如何克服呢？

（1）学会正确地发泄

有抑郁心理的青少年可以把心中不愉快的事向父母或知心朋友诉说，不要把它放在心里，这对身心健康是极不利的；如果你心里非常难受而身边又没有人诉说时，可以把自己关在房间里大哭一场或写日记等。这些都有助于消除抑郁心理。

（2）多结交知心朋友

经常和朋友保持联系的人，其精神状态远比喜欢孤僻的人好得多，因为一个人生活在集体中，就会感觉到集体的力量，这样不仅可以增强其的自信心，还能减轻其情绪上的抑郁。

（3）勇敢地面对现实

拥有快乐的心态能使人的神经系统的兴奋水平到达最佳状态。所以，有抑郁心理的青少年朋友们遇到不愉快的事时，要多往好的方面想，用乐观的心态去面对一切，保持豁达、乐观的情怀。不要好高骛远，要勇敢地面对现实。

（4）适当地做些运动

体育活动能够使生活丰富多彩，消除紧张心理，陶冶情操，开阔心胸。所以，有抑郁心理的青少年每天应适当地做些运动，如慢跑、散步、踢毽子、做体操等，这些都有助于排解阴霾的心情。所以，适当的体育运动不仅有助于青少年的身体健康，而且还会使情绪乐观、稳定。

（5）增强能力与自信

有抑郁心理的青少年朋友们要学会容忍和包容，并磨炼自己坚强的意志力。因此，可以通过自己的意志力来消除心中不愉快的情绪，并保持乐观向上的积极情绪。改变认知，完善自身的人格，增强面对困难和挫折的能力与自信。只有这样，才能达到根治的目的。

## 温馨小提示

长期抑郁会使孩子的身心受到严重损害，使他们无法快乐地生活和学习。要让孩子避免抑郁或从抑郁中解脱出来，就需要我们家长认真地对待，并引导孩子正确地评价自己，看清自己的长处，建立自尊，增强自信；调整认知方式，多注意事物的光明面；扩大人际交往，多与人沟通，多交朋友。

# 驱散孤独的心理

孤独就是对周围一切缺乏了解，对所处环境及周围的人缺乏情感和思想的交流。孤独的孩子往往自卑感强，自信心差。因为他们很少与他人接触，因此业余爱好少，学习能力就得不到锻炼，而能力越差，自卑感就会越强。

### 1. 孤独感产生的原因

孤独感是一种封闭心理的反映，是感到自身和外界隔绝或受到外界排斥所产生的孤伶苦闷的情感，它是在日常交往中产生的一种冷落、寂寞和被遗弃的心理体验，这是一种消极的情绪表现。

常见的情绪情感障碍有害羞、恐惧、愤怒、嫉妒、狂妄等，其中，与孤独感密切相连的是害羞和恐惧。害羞和恐惧往往会使人产生逃避行为，从而避开与人交往的情境，离群索居，封闭自我。

产生孤独感的原因主要有以下几个方面：

（1）自闭行为

青少年处于身心健康全面发展的时期，是从不成熟走向成熟的过渡时期。此时，自己的社交和实践范围在逐渐扩大，各方面和思维能力也在迅速增长，于是不愿再盲目地依从父母，而是积极地用自己的眼睛观看世界，感觉自己长大了，不需要依靠父母了，但有时现实又让他们感到困惑。

为了摆脱这种困惑，大多数青少年朋友积极和同龄人交往。但也有一部分青少年朋友不屑于与同龄人交往，从而变得自闭。

（2）自我评价过高

有些青少年朋友往往对自己的自我评价过低，这样不仅会产生自卑心理，还容易因缺少朋友而产生孤独感。而有些青少年朋友在自我评价过高时，会比较清高看不起别人。

这种类型的人在交往中一般表现为不随和、不合群、不尊重他人，容易引起别人的不满，因此，自我评价过高的人往往因缺乏朋友而感到孤独。

（3）自我意识较差

自我意识是一种向内的力量，自我意识开始觉醒并逐渐建立，产生了了解别人内心世界并被其他同龄人接受的需要，很关心自己在他人心目中的地位和形象，重视他人的评价。

他们会将自己隐藏起来。一方面他们觉得自己心中有很多秘密，又不愿告诉别人；另一方面他们渴望别人能真正了解自己。这种需要得不到满足时，便会陷入惆怅和苦恼中，产生孤独感。

**2. 根治孤独心理的办法**

孤独心理对孩子的健康发展极为不利。心理孤独的孩子难以应对各种复杂的人际关系从而变得自卑和羞怯，所以引导孩子以积极的心态对待生活是每个父母的重要职责。

根治孩子孤僻的办法主要有如下几个方面：

（1）多与孩子交流

作为父母不仅要关心孩子的衣食住行，更要关心孩子的内心和精神世界。对孩子内心世界忽视和冷漠会导致他产生很多心理问题和品德问题。为此，作为父母应多与子女进行思想交流，了解自己子女的思想。

（2）树立孩子的集体观念

要让孩子懂得，个人的行为应该符合社会的准则，知道社会是个大课堂，帮助孩子在群体中树立集体观念。

有些爸爸妈妈替孩子写作业，为了让孩子不参加社会综合实践活动而谎请病假，这些行为实际上是人为地拉大了孩子与集体之间的距离，不利于合群意识的培养，给孩子的身心发展造成了不良影响，势必给孩子将来的发展留下隐患，害了自己的孩子。

（3）鼓励孩子多参加集体活动

有的父母认为，孩子只要成绩好就行了，别的事不用管，这是目光短浅的表现，没有看到孩子健康成长的大局；有的父母往往担心孩子上当、受欺负，其实这些都是不必要的，因为挫折也是一种宝贵的学习机会，孩子在和同伴的磨合中更容易自觉地调整自己的行为，更能学会适应。

有的父母认为自己的经验传授足以代替孩子的实践，只要告诉孩子怎么做就行了,何必要让他们去学习呢?其实不然,听说的和孩子自己亲身体验到的东西是不同的,孩子只有在具体的活动中才能更好地掌握某些技能。

(4)帮助孩子与他人建立友谊

老一辈教育家说过:"儿童应与年龄相同的儿童生活,然后才能学到与人相处之道。"与成年人一起,依赖式的自卑心理,很难打破,将来离开家人进入社会会有很大的困难。

家长要想方设法创造条件为子女提供与小伙伴交往的时间和空间。只有在交往中他们才能不断认识、完善和发展自我,也只有在交往中他们才能克服怕羞、自负、自卑、孤僻等不健康的心理,找回自尊和自信,从而变得开朗起来。

总之,孤独是人类不健康的情绪情感体验,战胜孤独是孩子健康成长、正常发展的前提。唯有如此,才能让孩子摆脱孤独的压抑,勇敢地面对人生。

### 温馨小提示

有些孩子因为自卑而觉得自己各方面都不如别人,时间久了就形成了孤独的性格。其实,人和人之间是不可相比的,每一个人都有自己的长处和短处。对于孤独的孩子,家长要鼓励他们自信起来,从而走出孤独的困惑。

# 帮助孩子克服害羞心理

一个人要想成功,就要敢于表达自己的观点,让自己变得胆大起来。一个生性内向,见人就脸红,说话办事都害羞的人是很难成功的。因为害羞，他们不被人理解；因为害羞，他们不被人认可；因为害羞，他们就会失去一些机会。

有些孩子很害羞，只要你稍稍注意就会发现，课堂提问时，他们总是低下头，不敢正视老师的眼睛；与老师相遇时他们急忙绕道而行；在班会上发言时，常常面红耳赤，声音很小。长此以往，由于害羞而变得不敢说话，不愿多与人交往，同时也为他们的害羞而烦恼、痛苦。

### 1. 别让害羞耽误前程

一般来说，害羞都会带来一定的弊端。比如，不敢与陌生人接近从而减少与他人交往的机会；不敢表达意见因而丧失个人权利；使人神经过敏，反应过度；增加依赖的心理而无法培养独立的人格；常常因紧张而临场发挥失常等。长期这样下去也会耽误你美好的前程。

史晓云生性害羞，她所在的单位会时不时地举行一些活动，每当此时，她总是感到非常不自在，长时间的害羞让她非常不习惯这样的场合。最让她感到难过的是在年初，单位要搞干部竞争上岗，其中最重要的一关是"演说"。她由于害羞，没有足够的勇气和胆量，只好放弃。

她的专业和资历不比别人差，然而就是这个由胆怯、害羞组成的自卑拖了她的后腿。她是个佼佼者，然而却由于害羞耽误了自己的前程。

作为青少年，面临的竞争将会更加激烈，在竞争中你也许与你的对手实力相当，不分上下，那么你要靠什么取胜呢？在这个关键的时刻就要让更多的人了解你，认可你，就不要羞于表达，尽可能地与别人接触，争取所有的机会，别让害羞耽误了你的前程。

### 2. 认识害羞形成的原因

要改掉孩子害羞的个性弱点，就有必要分析产生这种不良性格的原因。综合地归纳一下，导致害羞的原因有以下几个方面：

（1）家庭管教过于严格

孩子没有宽松和谐的生活环境，性格不能得到全面的发展，从而变得扭曲、内向、顺从。

（2）压力过大

由于种种压力致使孩子情绪紧张、焦虑，对外界事物的反应过于敏感、心虚，缺乏应有的自信心。焦虑过重的人很容易对一些事物产生恐惧心理，他们或者担心、犹豫，或者坐立不安，临场退缩。

（3）曾经有过痛苦经历

有的父母不注意教育方法，对孩子过于粗暴，在孩子回答不上来问题的时候，把孩子训斥一顿，或者嘲笑、讥讽、数落孩子，使孩子的自尊心大受损伤，以致孩子一遇到类似的情形就胆小、害羞、紧张甚至浑身发抖。

### 3．帮助孩子克服害羞的心理

要想改变孩子害羞的性格缺陷，父母应耐心地对孩子进行引导。

第一，父母对孩子的要求应适当，要与孩子的年龄、能力水平相当，既不要过于苛刻，也不要过于溺爱。如果对孩子的要求过高过严，孩子就会在遇到老师提问，或当众表演节目时不能很好地发挥，而且出现气短、心跳、出汗、头晕、呕吐、腹泻等生理上、心理上的不适应。

第二，父母要培养孩子充分的自信心，培养孩子坚强的意志和开朗的性格。爱害羞的孩子性格比较内向，意志不坚强，而且比较沉默寡言，不能承受挫折，家长应在日常生活中多给孩子锻炼的机会，并带孩子参加各种各样的活动，或领孩子外出游玩，逐渐改变孩子腼腆内向的性格。

第三，父母应选择一些简单易行的活动让孩子自己去做，并在孩子取得成绩时及时给予表扬。由于孩子过分羞怯，如果他们经常碰到挫折、困难，会使他们变得更加胆小内向，父母若能根据实际情况选择一些孩子力所能及的活动让他们参加,并在孩子做得好时加以鼓励,就可增强他们的自信心,使他们的性格变得开朗。

第四,父母应允许孩子犯错误。有的父母一看到孩子在某些方面做得不如意时,就不分青红皂白地把孩子批评一顿,有时甚至用很尖刻的语言来伤害孩子的自尊心。这样做,会使孩子变得更加胆小孤独、沉默寡言。

总之,孩子的心灵是非常敏感、非常容易受到伤害的,父母一句很不在意的话,都可能给孩子的心灵造成创伤。所以父母在与孩子相处时,一定要谨慎。孩子的心理问题多半是父母的教育方法不当引起的。如果父母能够用科学合理的方式来教育孩子,相信你的孩子一定会健康地成长。

### 温馨小提示

害羞是一种在感应刺激下的反映心理,人人皆有,但不能让害羞占据整个人的心灵。当害羞的心理强烈地控制你的时候,必须努力地克服它。当然,这就像改变其他行为一样,刚开始时总觉得不好意思,觉得还是回到老样子更舒服些。此时,你不妨往好的方面想,最重要的是不要在乎那些你所害怕的事情,只要多锻炼你就会慢慢地改变害羞的状况。

害羞是成功路上的绊脚石,只要你能克服它,就迈出了成功的一步。

## 帮助孩子克服嫉妒心理

嫉妒是人的一种天性,它是人际关系中较为普遍的社会心理和情绪心理的表现。

一个人如果产生了嫉妒心理，那么他常常会以自己为中心，看不见别人的优势也发现不了自己的不足，整天满脑子都是为什么别人比自己出色，其结果只能是自寻烦恼。

如果让嫉妒心理长存心中，它就会演变为嫉妒行为，最终害人又害己。所以，为了孩子健康成长，家长应帮助孩子远离嫉妒心理。

**1. 认识嫉妒心理的危害**

嫉妒是对别人的快乐、成功等所感觉到的一种强烈而阴郁的不快。嫉妒者从狭隘、自私的心理出发，对他人的成绩和优越处境很是眼红；然后由眼红转为嫉恨，进而由嫉恨发展为损害他人的嫉怒行为，最后由嫉怒发展至嫉毁，做出严重损害他人之事。因此，嫉妒是人类的一种劣根性，是既害人又害己的恶魔。

在现实生活中，尤其不成熟的孩子最容易产生嫉妒心理了。

如有的孩子看到别的同学比自己成绩好，其他方面的能力也比自己强，生活条件也比自己优越，受到的表扬和得到的荣誉都比自己多，就产生嫉妒和不满心理；嫉妒是阻碍孩子前进的拦路虎，嫉妒的人总是拿别人的优点来折磨自己。

具体来说，嫉妒对孩子的成长有哪些危害呢？

（1）损害别人的自尊心

嫉妒的突出表现就是中伤别人，损害别人的自尊心，打击别人的进步，这不利于孩子之间的正常交往，在特定的条件下便以各种消极的情绪、情感和有害的行为表现出来。

（2）影响人格的形成

心理经常处于紧张焦虑状态，不仅影响学业，也影响身体健康，更会影响其健康人格的形成。嫉妒会使人心胸狭窄，目光短浅。

（3）易造成心理压力

嫉妒会磨灭奋发向上的锐气，倘若青少年长期处在嫉妒的心境之中，那么他就会在内心深处产生一种压抑感，给自己造成莫大的心理压力。

**2. 克服嫉妒心理的方法**

当孩子产生嫉妒心理时，父母应该怎样做，采用哪些心理学方法，帮助孩子克服嫉妒心理呢？

（1）注意孩子的暗示

孩子很难控制自己的情绪，但对于父母来说，观察孩子的行为方式、掌握孩子的情绪趋向却并不难。当孩子嫉妒心理爆发的时候，他们的行为经常会出现相应变化，如搞破坏、哭泣或者说嫉妒对象的坏话等。

有时候，嫉妒心理也会反映在孩子的心理和身体方面，如胃疼、难过、焦躁、情绪低落或者没有干劲。这时候，父母需要对孩子表示同情和理解，并帮助孩子把他们的想法说出来。

（2）不要与别人比

你可能注意不到，在谈论其他孩子时一句无心的"婷婷越来越可爱了"，或者只是一个微笑、一个耸肩的动作，甚至抬一抬眉毛都可能被孩子解读为"比"。尤其是当你的孩子在某一方面做得不好的时候，他们更容易对那些做得好的孩子感到嫉妒。

有一次，美美的妈妈跟一位阿姨说，邻家女孩的鬈发很可爱，可惜自己女儿的头发却是直的。没想到，第二天，美美就要求妈妈带自己去美发店把头发烫成鬈发。美美妈妈一下子就意识到是自己的评价引发了女儿的嫉妒心理，从此以后，她再也没有评价过女儿的头发，同时非常注意不拿女儿和别的孩子作无意义的比较。

（3）不强调负面东西

孩子会通过观察大人的做法来塑造自己的行为方式，因此当发觉孩子感到嫉妒的时候，在表示同情的同时，不要过多强调孩子的立场，更不要指责受到嫉妒的对象，否则不但会进一步刺激孩子的嫉妒情绪，还会导致孩子养成动辄归咎于他人的坏习惯。

假如你的孩子发现自己的同桌被邀请参加同学的生日派对，而自己却没有被邀请，这时候我们绝不能指责那个过生日的孩子"不够意思"，而应该告诉孩子：妈妈理解你的委屈，但是别难过，每个人都有不同的朋友，自己过生日的时候不是也不可能把自己认识的所有人都请来吗？这样，孩子就会理解并不是因为自己不受欢迎而未受到邀请，也不会因此而记恨那个过生日的同学。

（4）要发现自己的长处

缺乏自信心的孩子总喜欢强调自己的弱点，而且那种低人一等的感觉更容易刺激他们的嫉妒心理。因此，父母必须帮助孩子建立自信，让他知道自己也有优点，也有为自己而骄傲的资本。假如孩子在画画方面有天赋，家长就应该多多鼓励。每当孩子自己解决了一个问题或者取得了一点进步，哪怕只是一道算术题，也应该让他知道爸爸妈妈注意到了，并且为他而骄傲。

专家指出，当孩子为自己感到骄傲的时候，他们就更容易接受别人在某方面得到比自己更多的关注。这种自信不但可以帮助孩子克服自己的嫉妒心理，更有利于他们塑造自我，这才是真正值得别人艳羡的本领。

（5）找到解决问题的办法

有嫉妒心理的孩子总是希望自己得到和他人同样的待遇，假如此时父母能够诱导孩子控制好自己的情绪，不但能够缓解嫉妒的心理，还有助于建立孩子的自信心和自尊心。

假如孩子觉得球队里一个队友比自己上场的时间长，可以问他：如果你加强练习的话，情况会不会有所改变呢？这时，孩子会发现，虽然自己控制不了教练的选择，却可以控制自己的选择，通过练习提高自己的球技，上场的机会自然就多了。当孩子对别人父母对子女所倾注的重视感到嫉妒的时候，我们应该采取行动消除孩子的误会。

5岁的美美因为妈妈错过了自己在学校的表演而非常不满："别人的妈妈都来了！"于是，妈妈就让美美在家里面给自己开了一个专场晚会。这样一来，美美明白了妈妈其实很关注自己，便不再失望或者嫉妒别的同学了。

## 温馨小提示

嫉妒心重的孩子，往往在与别人比较的时候存在偏差。一些孩子总是将自己的长处与别人的短处相比，结果妄自尊大；而有一些孩子则是将自己的短处与别人的长处相比，结果是越比越没底气，越比越自卑，这样就很容易产生嫉妒心理。

对这样的孩子，就需要父母正确地加以引导，要告诉孩子，一个人不可能得到人们全部的关注，不可能拥有所有的优势。任何一个人都有自己的长处和不足，即使你在某个方面超过别人，别人的优势并没有因此减少，别人的价值依然存在。因此没有必要天天担心不如别人，或如何超过别人，更没有必要时常提醒自己事事不如人，要相信自己的价值，"天生我材必有用"。

# 第三章　培养孩子性格的情感之门

　　心理学研究表明，人的性格基本在孩童时期形成。对于大部分孩子来说，从小主要是和父母在一起，潜移默化影响其性格的就是父母。

　　因此，父母送给孩子最好的礼物不是诸多的玩具，而是帮助孩子建立并形成良好的性格，因为良好的性格能使人受益一生。

## 让乐观陪伴孩子成长

乐观是一种性格,也是一种品质,乐观的人心胸宽广,勇于面对现实,正确对待顺境和逆境,是具有多种积极素质的综合表现。乐观的态度是一个人快乐的加油站。对于孩子来说,父母只要培养他乐观的性格,快乐就会像泉水一样汩汩而出。

但在生活中保持乐观向上的精神面貌并不容易,需要不断地磨炼。对此,父母应善于将乐观的品质潜移默化地传给孩子,这对他们一生都有好处。

**1. 乐观是一种可贵的性格**

理想的人生应当是快乐的、向上的、幸福美满的,可以说,没有比这样的人生更令人向往、更值得追求的了。孩子正处于人生的起步阶段,每一个父母都希望自己的孩子将来幸福快乐,能从容地面对世间的一切,为此,就必须从小培养他们乐观的性格。因为这种性格最具有生命活力。

乐观,作为一种最为积极的性格因素之一,就是指无论在什么情况下,即使条件和环境再差也保持良好的心态,相信坏的总会过去,相信阳光总会再来的心境。乐观的心态就是承认事物的不完整性,就是不被偶尔的挫折和磨难所感伤，因为感伤并不能把我们的命运改变。的确，生活从来不是十全十美、万事如意的，但乐观者从不怨天尤人，而总是让生活伴随着憧憬和追求。

综上所述，生活不论是遇到困难、挫折、失败、灾难还是取得成就，一个人只要拥有开朗乐观的性格，就能拥有永久的幸福。这样的人不论处于何种境况，都会拥有宝贵的活力。

作为父母，如果想让孩子有一个乐观的心态，由此更好地主宰今后的人生，就要注重从小对孩子乐观性格的培养。

**2. 培养孩子乐观性格的方法**

（1）用自身乐观的态度感染孩子

父母是孩子的第一任老师，孩子性格的形成很大程度上受到父母的影响。所以在日常生活当中，父母在孩子面前要尽量表现出乐观来，努力营造出一种快乐的气氛。

在现代的家庭教育中，我们越来越发现，养育孩子的过程也是父母不断充实与学习的过程。所以更为重要的是，父母要拥有一颗真正乐观的心，要知道，父母是孩子最好的教科书。

（2）让孩子多参加有意义的活动

有资料显示，与人多交流和参加一些有意义的活动都可以增进人体的健康和人的乐观情绪。当一个人创造出了某件成果或完成了某项有意义的活动时，很自然地就会感觉到快乐。

因此可以说，快乐是伴随完成某种成就的努力而产生的，它是一种动机力量，有利于孩子的健康成长。例如，孩子在学校举办的运动会上取得了较好的名次，受到了学校的表彰和同学的羡慕，此时他内心中体验到的就是真正的快乐，因为他通过努力完成了一件事情，而且取得了成功，会有一种成就感。正是这种感觉，使他得到了充沛的力量和信心，对自己更加肯定。

快乐不是人追求的直接结果，也就是说，人不会因为想要快乐就会得到快乐，所以作为父母，不能教给孩子如何去快乐，而应该让孩子多参加一些有意义的活动。

孩子在与人交往和活动的过程中，会在不知不觉中增长对自己的信心，会在活动和活动成果中得到更多的体验，更关键的是，从中孩子还可以得到对世界、对社会和他人的信心，得到对人宽容和忍耐的力量，而这些是一个人乐观的基础。

（3）不要给孩子施加太多压力

快乐是一种基本的情绪，在人的本性中就有快乐的成分。孩子在出生后的两个月左右，就有了社会性的微笑。可是随着孩子年龄的一天天增加，父母的要求也水涨船高。

孩子还很小的时候，叫一声"爸爸，妈妈"，父母就因此高兴半天，可长大了之后，为了孩子的升学、就业，父母总会一厢情愿地作出诸多安排，对于孩子个人的想法、兴趣爱好总是在各方面作出过分的限制，目的就是让孩子按照自己设定好的方向发展。

这样一来，孩子的天性被压抑了，每天只能像个木偶似的，又怎么会有快乐呢？因此，如果想让孩子得到快乐，就应该减轻他们身上的负担，给他们一个自由自在活动的空间。

（4）不要总是冷淡地对待孩子

有专家指出，一个从小就没有感情体验和感情依恋的孩子，在他长大之后也不会对他人施以爱和同情，他将生活在一种冷漠无情的氛围之中，很少体验快乐，难以与人相处，当然也就不会有乐观的精神。

因此，不管自己的工作有多么繁忙，也要尽可能多抽出一些时间来陪陪孩子，和他一起做游戏，询问一下他今天发生了一些什么事情，或者就某个问题交换一下彼此的看法。对孩子的抚养不要依赖于孩子的祖父母，甚至保姆，也不要把所有教育孩子的责任都推给老师。

（5）让孩子保持平常心

由于现在的家庭中大多只有一个孩子，所以他们从一生下来就受到爸爸妈妈、爷爷奶奶、外公外婆的多重疼爱，可以说是在温室中长大的，没有经历过多少风雨，因此在他们的意识中根本就不知道有艰难困苦的存在，更不要说如何去面对和克服它们了。

在日常生活中，父母应该给孩子多一些接触各类事物的机会，当孩子接触到的事情多了，见识广博了，心胸自然也就随之开阔，悲观的思想便不容易产生了。

用一颗平常心来面对生活中遇到的各种困难，并不是一种消极的态度。在孩子开始接触事物的时候，父母可以采用暗示的方法来让孩子主动提问、主动要求、主动学习。在孩子做一件事情的过程中，父母要用表扬、奖励等方法来强化孩子的自主观念。

当孩子在行动的过程中遭受到了挫折和打击，父母要帮助孩子总结经验和教训，并且激励孩子，告诉他失败了一次不要紧，还可以重新再来一次。

一位母亲带着她的孩子乘飞机，因为天气突变最后被困在了机场。孩子因为长时间的等待哭了起来，这位母亲一边把自己的衣服披在孩子身上，一边安慰哭泣的孩子说："孩子，你不觉得，这一切都是我们的奇遇吗？"

孩子闻言停住了哭泣，开始用疑惑的眼神打量着周围。后来，这个孩子不但不再哭了,还和母亲兴趣盎然地谈论这场神奇的遭遇。

乐观是一种对人生的态度,是人快乐的加油站,在人一生的旅途中,谁都难免会碰到各种各样的困境,记住,让孩子随身携带快乐的加油站。

## 温馨小提示

为了培养孩子乐观的性格,美国儿童教育专家塔尼可博士提出如下建议:

1. 勿对孩子控制过严

作为父母,当然不能对孩子不加管教、听之任之,但是控制过严又可能压制儿童天真烂漫的童心,对孩子的心理健康产生消极作用。不妨让孩子在不同的年龄阶段拥有不同的选择权。只有从小能享受选择权的孩子,才能感到真正意义上的快乐和自在。

2. 鼓励孩子多交朋友

不善交际的孩子大多性格抑郁,因为时时可能遭受孤独的煎熬,享受不到友情的温暖。不妨鼓励孩子多交朋友,特别是同龄朋友。性格内向、抑郁的孩子更适宜多交一些开朗乐观的朋友。

3. 教会孩子与人融洽相处

和他人融洽相处者的内心世界较为光明美好。父母不妨带孩子接触不同年龄、性别、性格、职业和社会地位的人,让他们学会和不同类型的人融洽相处。当然,孩子首先得学会跟父母和兄弟姐妹以及亲戚融洽相处。此外,家长自己应与他人相处融洽,做到热情、真诚待人,不势利卑下,不在背后随意议论别人,给孩子树立一个好榜样。

4. 物质生活避免奢华

物质生活的奢华会使得孩子产生一种贪得无厌的心理，而对物质的追求往往又难以获得自我满足，这就是为何贪婪者大多并不快乐的根本原因。相反，那些过着简单生活的孩子，往往只要得到一件玩具，就会玩得十分高兴。

5. 让孩子爱好广泛

一个孩子如果仅有一种爱好，就很难保持长久的快乐感觉。试想：只爱看电视的孩子一旦晚上没有合适的节目时，必然郁郁寡欢。相反，如果孩子看不成电视时读书、看报或做游戏，同样可乐在其中。

6. 引导孩子学会摆脱困境

即便是天性乐观的人也不可能事事称心如意，也不可能"永远快乐"。父母最好在孩子很小时就注意培养他们应对困境、逆境的能力。要是孩子一时还无法摆脱困境，还可以教育孩子学会忍耐，或在逆境中寻求另外的精神寄托，如参加运动、游戏、聊天等。

7. 拥有适度的自信

拥有自信与快乐性格的形成息息相关。对一个因智力或能力有限而充满自卑的孩子，家长务必发现其长处并将其发扬光大，审时度势地多表扬和鼓励。来自家长和亲友的正面肯定无疑有助于孩子克服自卑、树立自信。

8. 营造快乐的家庭气氛

家庭的气氛，家庭成员之间的关系，在很大程度上会影响孩子性格的形成。研究表明，孩子在牙牙学语之前就能感觉到周围的情绪和氛围，尽管当时他还不能用语言来表达。可以想见，一个充满了敌意甚至暴力的家庭，绝对培养不出开朗乐观的孩子。

# 自信是成功的第一秘诀

自信是一个人赖以成功的阶梯和不断前进的动力。在许多伟人身上，我们都可以看到超凡的自信性格。正是在这种自信的驱动下，他们敢于对自己提出更高的要求，并在失败中看到成功的希望，鼓励自己不断努力，从而获得最终的成功。

孩子的成长如果有自信同行，其成功是不难想象的。可以说，自信是成功的第一秘诀。然而，孩子的自信从何而来呢？它来自家长对孩子从小就注重自信性格的培育和塑造。

### 1. 自信对人生具有重要意义

自信是一种强大的力量，是一种宝贵的资源。在人生的旅途上，是自信开阔了求索的视野；是自信催动了奋进的脚步；是自信成就了一个又一个梦想。

可以说，没有自信，梦想只会是海市蜃楼；没有自信，生命只会是灰色的基调；没有自信，再简单的事都会被认为是跨越不过去的障碍。所以自信对于孩子的成长与成功是极具重要意义的。从下列案例中我们便能获得深刻的感受。

撒切尔夫人出身平民，但后来却成为英国历史上第一位女首相，而且连续三届当选。她在重大国际、国内问题上，思路清晰，观点鲜明，立场强硬，做事果断，在相当长的一段时间里影响了英国乃至整个欧洲,被誉为欧洲政坛上的"铁娘子"。

然而,她绝非是政治天才,她的性格、气质、兴趣等都深受父亲的影响,她人生之路的成就源自父亲为她培养起来的高度自信。

她的父亲罗伯茨经常这样教育她:要有主见,有自己的理想,特立独行和与众不同最能显示一个人的个性,随波逐流只能使个性的光辉湮没在芸芸众生之中。

这样的家庭教育培养了撒切尔夫人的高度自信、独立不羁的个性,并使她常常有一种心理优越感。

居里夫人在法国求学的时候,艰苦的生活是常人无法想象的,但是她并不气馁,而是以超人的毅力和勤奋,在短短的三年里,先后获得物理学和数学学士学位。

居里夫人的名言就是:"我们应该有恒心,尤其要有自信!我们必须相信,我们的天赋是要用来做某种事情的,无论代价多大,这种事情必须做到。"

如此看来,一个人的家庭教育与他的成长密切相关。自信是孩子成长过程中的精神核心,是促使孩子面对困难、努力完成自己愿望的动力。

撒切尔夫人和居里夫人的成功经历也告诉父母们一个道理:鼓励能激发孩子的自信心,有了自信心,就有了战胜困难的基础。古希腊科学家阿基米德说过:"给我一个支点,我可以撬动整个地球。""即使把我放进一个核桃壳里,我也要做自己拥有无限空间的国王。"这些都是自信的表现。

自信乐观的习惯对一个人一生的发展所起的作用,无论在智力或体力上,还是处事能力上,都起着基石性的支持作用。一个缺乏自信的人,便缺乏在各种能力上的主动积极性。自信就像一个人走向成功的催化剂，将孩子的一切潜能都激活，甚至将各部分的功能推动到最佳状态。可以说，是自信造就了成功。

### 2. 塑造孩子自信性格的方法

要塑造孩子的自信性格，父母不妨从以下几点做起：

（1）赞赏孩子的点滴进步

由于成人与孩子眼中的世界是不一样的，但是，成人的评价对孩子产生自信心至关重要。所以，家长必须注意自己对孩子的评价，多为孩子的长处而骄傲，不为孩子的短处而遗憾。

在日常生活中，家长要以正面鼓励为主，要善于发现孩子身上的闪光点，不盲目地拿自己的孩子同别人的孩子进行比较，而是多拿孩子的过去与现在进行比较，让孩子知道自己长大了，进步了，从而产生相应的自信心理。

尤其是要给予发展慢的孩子以更多的关怀和鼓励，让孩子懂得人人都有长处，使孩子逐渐树立起自信心。

（2）创造孩子建立自信的机会

在日常生活中，家长要为孩子提供一些他们自己能完成的任务，如摆碗、盛饭等，他做到了就给予适当的表扬。有时也可以让孩子做一些比较困难的事，如洗手绢、擦皮鞋、整理玩具上架等，会做了要大为表扬，树立其自信心。早上起床和晚上睡觉要让他自己等脱衣服，锻炼孩子的独立性。

作为家长要知道，孩子的自信心是从一点一滴中做起的，而不是抽象的。所以，在日常生活中，要创造各种机会让孩子发现自己的各种能力，并在孩子取得成绩时，及时表扬，充分肯定其进步，才能让孩子体验到成功的喜悦，从而产生积极愉快的情绪体验。

（3）让孩子从成功的喜悦中获得自信

培养孩子自信性格的条件是让孩子不断地获得成功的体验，而过多的失败体验，往往会使孩子对自己的能力产生怀疑。因而，家长应根据孩子发展的特点和个体差异，提出适合孩子水平的任务和要求，确立一个适当的目标，使其经过努力能完成。

他们也需要通过顺利地学会一件事来获得自信，另外，对于缺乏自信的孩子，要格外关心。例如，对胆小怯懦的孩子，要有意识地让他们在家里或班上担任一定的工作，在完成任务的过程中培养大胆、自信、民主、和谐的家庭气氛像人类赖以生存的阳光、空气那样，无时无刻不在影响着孩子的身心健康和智力发展。

所有的小孩子都有一个共同的心理需求，那就是喜欢称赞、鼓励、赞许，不喜欢被禁止、阻抑或批评。因此，儿童教育专家主张给孩子积极的鼓励，并指出："无论什么人，受激励而改过，是很容易的；受责骂而改过，是不太容易的，而小孩尤其喜欢听好话，不喜欢听恶言。"

如果父母总是用消极的语言对待孩子，其结果是，孩子在改过的时候总会有抵触的情绪和逆反的心理。

孩子自信的源泉来自父母。他们往往根据父母对他们的评价来进行自我评价。父母的信任和积极评价能使孩子对自己产生积极的认识。孩子天生就具有强烈的上进心，他们都希望能够得到父母的肯定、鼓励和表扬。

佳妮从小生活在一个幸福的家庭，父母加上爷爷奶奶、姥姥姥爷的宠爱，可谓集万千宠爱于一身。

从小到大，佳妮几乎没做过什么家务活，都是奶奶替她做的,只要佳妮想做点什么时,奶奶就说:"妮妮,让奶奶来,你去一边玩吧!"

佳妮长大后,真的成了一个什么家务都不会做的孩子,为此,父母经常和佳妮的奶奶起冲突,他们也当着佳妮的面说,佳妮是一个笨孩子,什么也学不会。每次面对父母的冷言冷语,佳妮心里都很不是滋味。

在四年级的时候,在一次烹饪比赛的班队活动中,其他同学都做出了好吃、好看的菜,佳妮却连菜都洗不干净。

自从这件事以后,佳妮像是变了一个人似的,一直很消沉,老是觉得自己什么都不行,做事也越来越没有信心了。

其实,佳妮之所以会变成这样,完全与家庭教育有关,有的父母总是期许孩子可以做得更好,但却又总是忽略其本身的教育责任。

## 温馨小提示

自信是促使人发奋努力的内在因素。它能使人产生巨大的力量,这种催人向上的力量,既是一种强大的驱动力,又是一种强大的自我约束力。

可以这么说,自信为我们的人生搭建了一座绚丽的桥,这座桥会让我们走向成功。

# 培养孩子做事果断的性格

果断是一种气质，一种性格，一种意境。果断让人感觉希望明朗，能给人更多的安全感，让人捕捉更多成功的机会。孩子小时候，爸爸妈妈替他们做主、拿主意，可孩子大了，爸爸妈妈不可能一直待在孩子身边帮其拿主意。这个时候，就需要孩子自己拿主张作决定了。

而就现实来看，当今孩子由于在温室中长大，性格懦弱、做事不果断的情况比较普遍。这对未来人生把握机遇或谋求发展无疑是有很大影响的。那么父母该如何培养孩子果断的性格呢？

### 1. 果断是一种可贵的性格

人生有无数个机遇，也有许多的困惑，面对这些，该怎么办呢？是等待观望，还是决意行动？这时，果断的性格或精神便显得难能可贵。

果断的人，即使在机会不够成熟的时候，也会先行一步，赢得主动，占据有利位置。一旦时机成熟，就会出手而发，赢得全局。因此，可以说果断型性格的人是最善于把握机遇的。

很多时候，绊住我们脚步的，往往不是我们的实力，也不是那些所谓的条件限制，而是自己的果敢和勇气。要敢想，更要果断地敢做，这样才能脱离平庸，造就不凡。

### 2. 孩子缺乏果断的主要原因

孩子做事拿不定主意、犹豫不决、不果断，究其原因主要有以下两种：

（1）孩子依赖性强

父母唯恐委屈了孩子，一味包办代替或过多干涉孩子的事情。这样，孩子就无独立做事的经验，一旦遇事让他拿主意时，就不知所措，请求别人的帮助。

（2）孩子自信心不足

父母望子成龙、望女成凤心切，对孩子往往期望过高，总是不满意孩子的表现，赞许少，批评多。有的父母还让孩子做力不能及的事，又不帮助他，结果，孩子常常感到失败的痛苦，无自信，害怕做错事，更拿不定主意。

**3. 使孩子变得果断的良方**

对因过度保护而不够果断的孩子，父母可从以下两个方面加以锻炼：

一是放手让孩子去做力所能及的事，克服依赖性。孩子是好奇好动的，一般都愿意参加一些活动。父母要尽早让孩子练习一些基本生活技能，如穿衣、穿鞋、擦桌子，独立完成简单的任务。凡是孩子能够做到的，父母尽量不插手，给孩子足够的时间去思考、尝试，发现自己的能力。孩子感觉自己有能力做好的事，就会果断地去做。

二是创造机会，鼓励孩子下决心。一个人在作出一个决定之前，需要考虑利弊得失，再作出选择。大人应在一定范围内给孩子充分自主的机会，让孩子有自我决策和选择的权利，自己的思考，然后决定做什么事、如何做。例如，到商店给孩子选购衣服，价钱由父母选定后，鼓励孩子自己拿主意选择自己喜欢的款式与花色。

对因过分严格要求而不够果断的孩子，家长应注意以下三点：

一是正确评价孩子做的事。对孩子要求不要过高，要多鼓励、少批评。对竭尽全力也没做好的事，大人要给予理解，告诉孩子："没关系，以后再慢慢努力。爸爸小时候也常常这样。"大人正确的评价，可减轻孩子的心理压力，下次做事，他会再一次鼓起勇气。

二是给予孩子必要的帮助。对于较难做的事，父母应同孩子一起做，并给予适当的帮助，教孩子学会一些克服困难的方法和技巧。孩子有了成功的经验，就会增强自信，做事果断。

三是让孩子做事时，父母提要求要具体、明确，尽量让孩子明白如何做。含糊不清、笼统会使孩子感到无从下手，拿不定主意。

另外，父母还可通过一些体育活动、智力游戏来有意识地培养孩子的果断性。

### 温馨小提示

果断，是一种性格，也是一种气质，它会让人体验到雷厉风行的快感。果断更是一种意境，只有果敢行事、当机立断的人，才会让人钦佩、羡慕、信赖并从中获得安全感。

幼儿时期是一个重要的心理发育时期，自我意识开始萌芽，这个时期对孩子的性格培养是很关键的。善于培养孩子果断的性格能使孩子长大后，抓住时机，当机立断，迈向成功。

## 不要让自卑笼罩孩子

在父母看来，自己的孩子是最无忧无虑的，因为任何父母都会把自己的孩子照顾得很好。但事实上，孩子也有自己的苦恼，自卑性格就是其中之一。自卑，简单地说就是自己轻视自己，自己看不起自己。这是对自我潜能的一种压抑，对他人能力的一种过高判断的心理。

自卑的孩子通常会用一种怀疑的眼光看待自己，而且对周围人的言行、态度反应也是格外地敏感。这样的孩子在生活中，往往在内心深处隐藏着永不消散的愁云。这对孩子的健康成长是十分不利的。

所以，父母要注重对孩子的心理教育，不要让自卑感笼罩孩子。

**1. 了解自卑性格的特质与危害**

所谓自卑性格，简单地说，就是指一个人严重缺乏自信，常常认为自己在某些方面或各个方面都不如别人，常用自己的短处和别人的长处相比，具体体现在遇事不相信自己的能力，办起事来爱前思后想，总怕把事情办错被人讥笑，且缺乏毅力，遇到困难畏缩不前。说得直接一点就是自我评价过低，自己瞧不起自己。

自卑是一种性格上的缺陷、一种失去平衡的行为状态。自卑常以消极的防御形式表现出来，如妒忌、猜疑、羞怯、孤僻、迁怒、自欺欺人、自暴自弃、回避竞争竞赛、焦虑等。自卑使人变得十分敏感，经不起任何刺激。一个孩子如果被自卑心理所笼罩，就会失去阳光与活力，其身心发展及交往能力将受到严重的束缚，聪明才智也得不到正常发挥。

艳艳是一位六年级的女同学，她长着一对会说话的大眼睛，头发黄黄的，稍稍有些鬈曲。成绩上游，非常腼腆，性格内向，在人面前不苟言笑。上课从不主动举手发言，老师提问时总是低头回答，声音很小，而且脸涨得通红。

下课除了上厕所外总是静静地坐在自己的座位上发呆，老师叫她去和同学玩，她会冲老师勉强笑一下，仍坐着不动。平时总是把自己关在房间里不和同学玩。节假日父母想带她一起出去玩、到朋友家做客她都不去，甚至她连外婆家也不去。

上面的现象在其他孩子身上可能都有所体现，究其原因都是自卑的产物。但是,孩子的这种现象父母却常常注意不到,即使有的父母看到了也会觉得这是孩子的自然习性,而不加以重视,这是极其错误的。

自卑会对人的一生产生消极的影响,长期生活在自卑阴影中的孩子,会背上沉重的心理包袱,甚至一生都被自卑所困扰,这势必会形成孩子的心理障碍,影响孩子的健康成长,这种危害无疑是极大的。

**2. 认识孩子产生自卑感的原因**

孩子自卑并不是生来就有的,它是在外界环境的影响下形成的。一般来说,孩子自卑的产生,主要有以下几个方面的原因:

(1) 对孩子期望过高

父母对孩子期望过高,往往会使孩子产生自卑。生活在这种家庭的孩子总认为"爸爸妈妈什么都行,我什么都比不上他们,怎么努力都没用"。

能力特别强的家长,一般对孩子的要求也很高,追求十全十美而孩子不可能每一件事都做得十全十美,于是就会受到家长过多的指责,使孩子对自己的能力产生怀疑逐渐失去自信产生自卑。

(2) 家庭状况不完整

家庭状况不完整容易使孩子产生自卑。生活在破裂家庭中的孩子得不到父母足够的爱,觉得自己是被社会抛弃的孩子。当看到别的小朋友能跟爸爸妈妈在一起时,就会更加伤心,感到很自卑。

(3) 专横的教育方式

由于家长不能以理服人,常常对子女采取简单粗暴的棍棒教育,严重地伤害了孩子的自尊心,往往使孩子产生自卑心理。

(4) 父母有自卑情绪

父母自身有自卑情绪,容易使孩子产生自卑。自卑是后天形成的一种情绪。如果父母遇事总说"我不行",孩子不但会模仿父母的这种态度,还会认为"父母都不行我就更不行了"。因此,父母的这种倾向潜移默化地影响了孩子。

### 3. 帮助孩子消除自卑感

孩子都需要以不断的心理上的自我肯定,来获取前进中必不可少的原动力。所以,为了帮助孩子摆脱自卑,父母应注重如下几个方面:

(1)善于发现孩子的闪光点

每个孩子都有自己的长处,也都有他的短处。作为家长,在生活当中要注意并善于发现孩子的优点和点滴的进步,并经常给予肯定和表扬。孩子认为自己有优点,便会增强取得更大更好成绩的信心和希望了。

(2)不要总是贬低孩子

有些家长爱用大人或"神童"的标准去要求孩子,达不到要求就以侮辱性的语言讽刺、嘲笑孩子,数落、贬低孩子。

经常受斥责的孩子往往自信心受到强烈冲击,时间久了,就会在不知不觉中接受父母的暗示,承认自己的素质差,慢慢地就失去了信心。因此,要帮助孩子克服自卑感,家长首先要改变对孩子的看法,要用父母的信心去鼓舞孩子。

(3)不对孩子作负面判断

不管你的孩子表现如何,都不能随便作出"没有出息"之类的负面判断,也不能任意给孩子贴上"窝囊废"之类的灰色标签。

因为这非但起不到教育的作用,还会使孩子形成错误的自我认识,孩子的自尊心也会受到伤害,这对孩子的健康成长十分不利。

(4)适当满足孩子的表现欲

自我表现欲是青少年时期最主要的欲望之一。当孩子的自我表现欲受到压抑时,就会产生自卑感。但不要单纯抽象地用貌美、聪明、学习成绩好等来展现孩子的自我表现欲,而要尽可能地在具体的不同层次的其他孩子身上让自己的孩子看到自己特有的优势,从而满足自我表现欲。

(5)重视成功的经验

要教育孩子重视自己每一次的成功经验。成功的经验越多,孩子的自信心也就越强。平时要注意教导孩子,无论做什么事情都要量力而行,不可好高骛远,以免挫伤孩子成功的积极性。

(6)要注意扬长避短

要让孩子知道,只要付出,就会有收获;付出得越多,收获得就越多。同时要让孩子明白,在生活当中具有多种才华和非凡能力的人只是少数,人各有所长,又各有所短。要取他人之长,补自己之短,要扬己之长,避己之短。这样,就能充分发挥长项,取得更大的成绩。

## 温馨小提示

孩子的自卑是由一种正常的情感带来的。自卑会使孩子有自怨自艾、悲观失望等消极心理,关键是看父母怎样对待孩子的自卑。

孩子的自卑感在他的心里并不是如影随形的,这种感情的情境性很明显。孩子的自卑感通常产生在失败的体验之后,尤其是孩子经历过多次失败,往往就会怀疑自己的能力,就会对失败耿耿于怀而难以自拔,进而把失败归咎于自己的无能。这时,作为父母就要注意引导自己的孩子,不然,孩子就会陷入自卑的泥潭。

对于孩子的自卑,很多父母由于忙于工作,不注意孩子的这种现象,有的父母根本就无法理解孩子的这种心理,更谈不上能尽早发现而去及时补救孩子的缺失。有很多父母任由自卑伴随孩子成长，他们不知道这样不仅会使孩子得不到很好的成长，还会给孩子以后的生活带来更大的痛苦。对于这一点，做父母的必须引起高度重视。

## 让孩子从胆怯的阴影中走出来

在日常生活中，有些孩子每次家里来了客人，总闻声而逃，害怕与陌生人打招呼；一到考试就紧张；仅能在很小的范围内自由发言，在课堂上或公共场合总是怯场。老师一叫，就紧张得发抖，以致说不出话来……

胆怯只是个性中的非常普通的一种，孩子胆小也是比较正常的。但如果孩子胆怯得影响到他的生活，父母就要注意了。人人皆知，即使在成年人中，胆怯也是广泛存在的，更何况是孩子呢？

人不是一生下来就什么都会，胆大也不是通过遗传获得的，任何人面对陌生世界都有一个由陌生到熟悉的过程。为了让孩子走出胆怯的阴影，大方开朗地生活，作为父母，首先要有信心帮助孩子克服胆怯，教育孩子勇于向前，大胆与人交流。

1. 探寻孩子的恐惧胆怯之源

有专家指出，胆怯来自对未知世界的恐惧。所以，不妨让孩子平静下来，说出都有哪些胆怯。是怕生人，还是怕考试？是怕黑暗，还是怕孤单？

另外，建议孩子将这些胆怯写出来，记下来，然后，试着分析，哪些是情景性胆怯？哪些是非情景性胆怯？为什么会胆怯？找出病因，再对症下药。有时候，帮孩子分析清楚恐惧的荒谬，胆怯便会消失。比如，鲁迅从日本留学回来后,在故乡绍兴教书时,他给孩子讲过一个他治"鬼"的故事,从此,孩子便对黑暗及黑暗中的各种声音,少了许多恐惧。

其实,孩子怕生人、胆怯的原因无非有以下几种:

(1)生活范围小

有的孩子只在很小的范围内活动,不常与外界接触,这使孩子胆小怕生。

(2)教育方法不得当

当孩子不听话时,成年人就恐吓孩子,使孩子产生恐惧感,失去安全感,从而变得胆小。

(3)对孩子限制过多

在日常生活中,有的家长不准孩子做这,不准孩子做那,如孩子摸摸茶杯,大人就嚷:"别动,看,摔了!"孩子摸摸扫帚,大人就说:"扎着你,多脏,快放下!"……这些都易造成孩子不敢尝试、不敢实践,从而导致知识面狭窄,变得胆怯。

父母应该知道,胆小的孩子,一般勇敢精神不足,创造性也差。其实,孩子是不是胆怯从他的言辞及动作就可以看出来。羞怯、胆怯的表现主要是冷淡、闪烁其词等,往往从他的身上一眼就可以看出"我胆怯、我害怕、我不安"等。

然而,很多父母却并不注意这些,这使孩子更加迟疑不安。另外,有些孩子特别注重自己留给对方的印象,为此感到与人交谈十分困难,不敢大声交谈,不敢畅所欲言。

面对这些,家长应培养教育孩子不该做的事不做,应该做的事就要勇于尝试,不要伤害孩子的探索精神。

**2. 帮助孩子克服胆怯的方法**

在帮助孩子克服胆怯时，父母需要做到以下几点：

（1）给孩子更多与人交往的机会

首先，随着年龄的增长，父母要逐渐扩大孩子的眼界，使之多接触生人，多认识世界。让孩子多和小朋友交往，让孩子到伙伴中去。比如，多带孩子和别的小朋友一起玩，鼓励孩子参加别的小朋友的生日派对，鼓励孩子给好朋友打电话，组织角色扮演的游戏等，别担心孩子小会被欺负，孩子在与人交往的过程中会逐渐流露天性，变得开朗外向。

其次，可以带孩子参加一些适当的社交活动，如朋友聚会、喜宴等，在不同的场合，帮助孩子与他人多交流，慢慢地孩子就不会那么胆小了。

（2）帮助孩子树立自信心

首先，即使孩子真的胆子很小、做事畏缩、怕这怕那，父母也不要给孩子贴上胆怯的标签。比如，不要动不动就埋怨孩子"真没用""胆小鬼"，特别是当着孩子的面，更不可在平日里对他产生隐性的消极情绪。否则，久而久之会让孩子认为自己就是这样的人。要让孩子变得勇敢大方，就应该暗示他不要胆小，给他积极的期待。

其次，孩子遇到问题时，家长要鼓励孩子积极面对，让他学着自己去解决；当孩子表现好的时候，要及时地给予表扬；平时让老师多给孩子一些克服胆怯的机会，并给予他适当的帮助。

再次，如果孩子愿意，不妨带孩子到人多热闹的地方大声地朗读，如果孩子怕，就先到人较少的地方。比如，傍晚散步的路边草坪、公园等地，不管身边人来人往，如入无人之境。

最后，让孩子照顾比他小的孩子，或者让孩子带小狗去遛弯儿、让他和弟弟妹妹一起玩等，锻炼孩子，并让他从内心觉得自己是优秀的，有责任帮助他人，进而做出让人眼前一亮的大胆举动。

（3）教给孩子与人交往的技巧

父母可以通过讲故事及唱儿歌的形式，教孩子简单的交往技巧，也可以通过与孩子讨论问题的方法为孩子交往中遇到的问题出谋划策。

如小伙伴抢了自己的玩具，用什么方法要回来比较妥当；好朋友生气了，怎样和他重归于好等。有了父母的认可，孩子一定更自信，交往起来更加游刃有余。另外，家长作为孩子的第一任老师，其示范作用是极其重要的，因此在日常生活中，多给孩子做好示范。

（4）鼓励孩子勇敢探索与尝试

父母切记不要一个劲儿地对孩子发布禁令，说这也不行，那也不许。在生活中，不要恐吓孩子，要引导孩子自己克服胆怯心理。比如，父母可以在吃饭或散步时，随意地讲讲自己的童年故事，可以针对孩子的弱点编造一些出来。例如，可以说："我上学的时候，我班有个同学，胆子特别小……"如此讲述一个从胆小变胆大的过程，给他一个参照，效果比对他直说好得多。

（5）帮助孩子做好心理建设

事实上，很多孩子胆怯、担忧的根源在于不自信，他们怕自己让其他人失望，怕自己在众人面前表现不好，丢脸面。例如，有的孩子害怕演讲，害怕在人多的地方讲话，这时父母要告诉孩子，说错了不要紧，最坏的结果是被同学嘲笑，一般不传播，因为人人都有错的时候。从而使孩子能轻松自如地参与社交、发言……

另外，父母也不妨帮助孩子把自己划分为生活中的你和角色中的你。就是说，面对胆怯，告诉孩子假设自己此时此刻只是剧中的某一角色，只是在舞台上表演角色。当这样假设时，窘迫感就会减小，逐渐消失。

有个孩子想改变自己不喜欢的"爱好",但怕让望子成龙的父母失望,就一直压制着自己,久而久之,不但在学校里没有朋友可以说知心话,在家里也很少和父母交流,父母问他什么他就说什么,学习成绩由原来的前几名很快跌到了最后几名。

父母着急,可是又不晓得如何帮他。偶然的一个机会,心理学家告诉他们,不妨和儿子进行一次深入的交流,如父母提出的问题,他本人该如何作答等。不久,这个孩子就克服了种种顾虑,与父母交流了他思想各方面的问题。

可见,胆怯者往往太顾及自己的言行留给别人的印象,因而难以表现出真实的自我。当一个人知道自己的角色,准备好即将说什么,对将要进行的活动充满信心的话,就会容易消除真实角色与扮演角色的界线,从而让这种行为表达出明确意义,反映出其真实的自我。

比如,要孩子陪你去赴个约会,应先告诉孩子来客有哪些,怎么称呼他们,他们的职业情况及兴趣爱好,应注意的细节等,并教会孩子一些待人接物的技巧,如会见一个未曾谋面的人时,应先弄清他的背景。待谈话开始时,他便会感到自我控制能力较以往大大增强了。

## 温馨小提示

为了帮助孩子克服胆怯,除上述方法外,还应多鼓励孩子参加校内外组织的各种兴趣小组,让孩子大胆地与他人交流,这样他就会拒绝做生活的旁观者。

总之,父母在帮助孩子克服一些毛病的时候,关键在于合理的引导。只要有了这个原则,在教育孩子的时候往往能事半功倍。

# 培养孩子积极进取的性格

现代社会要求人人具有竞争意识和竞争能力。家庭教育应顺从社会发展的趋势，使孩子从小形成积极进取的性格。

进取型性格的最大特点是永不满足、不断追求。俄国哲学家赫尔岑说："人生只有在进取中才有价值。"有进取心才能不断完善，有进取心才能不断提升自己。

为此，父母只有培养孩子积极进取的好性格，才能使他们的人生不断走向辉煌。

**1. 进取型性格特质及重要性**

进取型性格特质主要表现在以下几个方面：

碰到阻力或困难时，不改变既定的目标；在正常的生活竞争中，总想争个高低，比比强弱；相信事在人为，不愿顺其自然；人家能办到的事，坚信自己也能办到；为实现理想目标，不怕吃苦，以苦为乐；在困难和厄运面前有忍耐力和承受力；有独到的见解，不困于成见，在一些人眼里是个骄傲的人；不安于现状，总想改变，对强者有一种敬意；有点倔强、坚定和抗争"脾气"。

具有进取型性格的人，通常可以激发出身体内的潜能及向命运抗争和挑战的力量。这种永不停歇的自我推动力可以激励人们向自己的目标前进，并推动人们去完善自我。

一个善于进取的人意味着拥有良好的思考力，并在思考中不断落实和推进自己的人生目标。倘若消极地看待生活，泯灭生活的激情与进取的精神，就会成为可悲之人。成功之人之所以能成功，就在于他们的身上有着一种宝贵而积极进取的性格。

**2. 培养孩子进取心的方法**

进取心是成功者的助推器，之所以这样说，是因为当一个人具有不断进取的决心时，这种决心就会化作一股无穷的力量，这种力量是任何困难和挫折都阻挡不了的，凭着这股力量，他会不达目的誓不罢休。

所以培养孩子的进取心十分重要，那么父母该如何做呢？

（1）帮助孩子发展自我期许

有句话不无道理：你认为自己什么样，你就会是什么样。人总是在无意间调整自己的行为，以符合心中自己的形象。

如果孩子内心里认为自己是一个积极向上、聪敏、优秀的孩子，那么，他就会表现得和他想象中的自己一样；相反，如果孩子内心里认为自己是一个普普通通、没有大出息的人，那么，他的表现一定消极、随便。也就是说，什么样的"自我期许"，就产生什么样的行为和表现。

（2）协助孩子制定适当的目标

尝试成功，体验成功的快乐，是激发孩子进取心的又一要素。目标对激发进取心十分重要。没有目标便没有动力。但目标必须适当，目标过低没有推动作用；目标过高而达不到，便会挫伤信心。因此，父母应协助孩子制定适当的目标。

（3）及时给予孩子肯定和奖励

对孩子的点滴进步，父母都应及时给予肯定和奖励，而不是等到孩子完全达到要求后再表扬。批评孩子应就事论事，不应笼统说孩子是个笨孩子。这种评价是全面否定了孩子，使孩子看不到希望，从而丧失了进取的勇气。另外，切忌将孩子和别人比较，这种做法最容易使孩子沮丧。

**温馨小提示**

具有进取精神，才能迸发出拼搏的豪情与力量，才不会在绝望的沼泽中悲伤徘徊。倘若一个人泯灭了进取之心，也就意味着放弃了希望，甚至还会把自己推入绝境。

所以家长要通过教育，使孩子明白，对一件事执着，才能不断向着目标努力，才能成功。总而言之，成功并无秘诀可言，如果有的话，那就是简单的四个字，即执着进取。

# 改变孩子过于内向的性格

性格在心理学上是指对现实的稳定态度以及与之相适应的习惯化行为方式，是人格的一个重要方面。现在一般认为，内向人的兴趣与注意点大多指向自身及其主观世界，除了亲密朋友之外，内向性格的人不易与他人接触，对一般人冷漠；待人含蓄、沉思、严肃、敏感；缺乏自信与行动的勇气。对此，家长要善于帮助孩子改变过于内向的性格。

1. 认识性格内向者的内心世界

有一位性格内向的人说：

我并不是厌世，但我确实不知道生活在世上的意义。我对人对事都没有特殊的爱恋，我希望可以躲起来不必面对这个世界。

我每天早上都赖在床上不肯起来，外面的世界对我来说太难应付了，每天从办公室回到家里的时候，我都有如释重负的感觉。放假的日子，我除非迫不得已，否则一定要留在家里，无论如何也不肯出去。

我最怕的是人，我觉得自己什么都比不上别人，所以为了逃避与别人比高低，尽可能避免与别人接触。我很怕向别人提出问题，怕别人骂我笨，所以工作上和生活上有许多事我都一知半解，得过且过。可是又怕别人识穿我的无知，因此我加倍谨慎，避免与人接触。

可以说，性格过于内向的人，是很难有快乐可言的。

**2. 认识内向性格形成的原因**

通常，内向性格的形成原因主要表现为如下几个方面：

（1）自我意识敏感

由于自我意识敏感而产生对人的紧张症、恐怖症。例如，有中学生与异性接触时，过分强烈地意识到对方是异性，造成情绪紧张过度，陷入尴尬局面。

（2）家庭影响

家庭往往是造成内向性格的主要因素。内向者父母大多属于较为冷漠的人，他们深信如果要使孩子有高度服从性，身为父母必须与子女保持一定的距离。一位性格十分内向者说："小时候，爸妈从来不鼓励我的好奇心，他们对我的问题不是嗤之以鼻，就是叫我少管闲事，做好分内的事。"

这类父母不鼓励子女去结交朋友，或参加任何课余活动，他们认为这类活动会使儿女"分心"，对正常的学习失去兴趣，所以在踏入社会之前，青少年的生活圈子只限于学校及家里。在缺乏与人沟通的环境里成长的孩子，对于一般社交技巧可以说是一无所知的，他在刚踏入社会做事时，无意之中得罪了一些人，而这些人对其所表现出来的不满，使他从此不敢再尝试与别人沟通，同时完全退缩到自己的个人世界。

（3）与自身经历有关

性格是人在生活实践中，在不同环境的相互作用中形成的。人的生活环境，具体地讲，就是人的家庭、学校、工作等，人与环境关系发展的过程便是经历，经历也是性格形成的条件。

**3. 改变孩子内向型性格的方法**

我们应当认识到，性格的内向与外向各有优缺点。研究表明，内向型与外向型性格在学习中的表现是不同的。内向型性格的最主要优点是遇事沉着、善于思考，这是提高学习效率的基本条件；但内向型性格的人思想较狭隘，容易产生自卑感，在意小事，忽视大局，这也会影响学习。

外向型的人最大的特点是性格爽朗、倔强，遇事不怯场，反应较快，学得也较快。但外向型的人往往从兴趣、情感出发，缺乏计划性和坚持性，影响独立思考的学习习惯的形成。

对于十分怕人的内向性格的孩子，要善于引导他们对周围环境里的事物产生兴趣。家长可以经常将孩子带到一个热闹的场所，并让他回家后将他所观察到的一切记录下来。这种做法的目的是把他从个人的世界里引导出来，让他投入一些以前不敢置身的环境，并对这些环境进行详细的观察。一段时间以后，他不仅对外界的事物会逐渐产生兴趣，胆量与自信心也会自然地增强很多。

研究表明，中学生性格的内向与外向类型是逐步定型的，一般高中之后已趋于稳定。也就是说，性格的内向与外向类型及其表现，在高中阶段已经基本成熟。所以家长要抓紧在孩子幼小的时候就注重对其性格的塑造；而且要善于根据内向与外向类型的测定，判断不同性格类型的孩子，在某种条件下可能发生的行为，从而有针对性地安排他们的学习和生活，使他们更好地成长。

我们要认识到大多数人属于中间型，兼有内向型和外向型的特征。了解一个人的性格特点，对于他的性格培养有一定的意义。许多性格极端内向的人都生活在孤寂之中，他们渴望拓展自己的生活圈子，使自己生活得有意义一些，可惜他们缺乏基本的社交技巧。所以，对于性格过于内向的孩子，父母不妨尝试运用以上方法去帮助孩子。

### 温馨小提示

对性格内向的孩子，父母千万不要着急，更不要泄气；相反，要给予孩子更多的爱、更多耐心。要培养一个合群、乐观、善于与人交往的孩子，必须从消除那些造成孩子内向的因素入手，如要善于用沟通钥匙打开孩子的心门，要善于用优势智能强化孩子信心，要善于营造轻轻愉快的家庭氛围……

其实，性格并没有好坏之分，每种性格都有其长处和短处。所以，如果你家里有性格内向的孩子，你最需要做的就是尽快掌握教育内向孩子的方法。通过富有针对性的教育，使他们的长处进一步发挥拓展，使他们的短处得到有效的弥补。

## 改变孩子任性的性格

任性是孩子们的天性，孩子们几乎无一例外都有任性的一面。只是有的孩子能够把握任性的分寸与尺度，父母认为这是孩子的可爱与率真的表现；而有些孩子的任性则表现得肆无忌惮，令父母感到发愁与无奈。

孩子之所以"无止境"地任性，在很大程度上是受父母、家庭环境的影响。孩子在摸爬滚打中逐渐适应社会，也逐渐试探着可以触及的范围，有了第一次任性的成功战果，孩子便长了一点本事，觉得可以一试，便侥幸地尝试第二次、第三次，如果仍然屡试不爽，孩子就会认为这样是可以的，是自己的权利。从此，就更加任性，以此来不断地达到自己的目的。

那么，父母们应该怎样面对任性的孩子呢？

### 1. 了解孩子任性性格形成的原因

孩子任性，从心理学的角度来看，是个性偏执、意志薄弱和缺乏自我约束能力的表现。一般来说，其形成原因有如下几个方面：

（1）遗传因素

从心理学的角度分析，人的性格有多血质、胆汁质、抑郁质和黏液质等类型，孩子受遗传的影响，有的天生气质就属于较兴奋的类型，情绪表现较强烈，属于有个性的孩子，这与家长的遗传因素有很大关系，如果后天再不注意改良，这样的孩子最容易出现任性的行为。

（2）心理反抗期

婴孩在正常发育的情况下，两三岁就开始出现心理反抗现象，出现强烈的独立需求意识。例如，自己吃饭、自己穿衣服、上下楼梯不愿别人牵领，自己家的东西不让别人动，处处以自我为中心，遇到不满意不顺心的事情就大哭大闹，劝阻和强制都不起作用，直至家长妥协，自己满意为止等。

从以上行为不难看出，孩子的任性是由多种因素造成的，内在的、外来的、社会的等。作为父母应该及早发现，及时纠正，运用科学的方法，根据生长发育规律进行教育。

在2岁左右时，大部分孩子思维、语言、动作已经发育得相当好，有些孩子反抗意识也逐渐表现出来，随着年龄的增长，反抗的意识越来越强烈，表现的形式也更加多样化。

家长就要抓住婴孩阶段这个有利时机迅速进行调整，如果认为孩子小一味地迁就，任性的个性就可能越来越厉害。任性的个性一旦形成，要想从根本上改变是相当有难度的。这对孩子以后的生活、学习和工作，都有很大影响。任性性格形成的最主要原因是后天教养不当，是溺爱的结果。在教养方式上，父母该制止的不制止，一味地迁就；该鼓励的不鼓励，使孩子分不清是非对错，认为只要哭闹就可达到自己的目的，助长了孩子的偏激与任性，最终造成了孩子性格的缺陷。

（3）后天养成

任性与遗传因素有一定关系，与人的神经类型有关。但是，关键还是后天的教育和影响。

一是父母对孩子溺爱、娇惯、放任、迁就。据调查，独生子女任性率较高，达到60%左右。孩子任性往往与在家庭中受到百般宠爱有关。

二是父母对孩子简单粗暴。有些父母教育方法简单粗暴，造成孩子的逆反心理，不管父母说得对不对，孩子都不接受，从而埋下了任性的种子。

有些父母无视孩子生理、心理的发展，无视孩子的兴趣、爱好，对孩子一味限制，要求孩子绝对服从，想出各种方法让孩子就范。这种做法不仅违背了孩子的意愿，也违背了孩子的身心发展规律，同时，这种做法也是孩子形成任性的重要原因。

三是父母蔑视孩子的人格。有些父母总爱讽刺、挖苦、漫骂孩子，或者当着众人面数落孩子，有时父母的话虽然是对的，但刺伤了孩子的自尊心，孩子心里明白自己错了，可为了保全面子也不能接受批评，于是就以"拧"来对抗。

### 2. 教育任性孩子的策略

爱，要讲科学也要有理性；爱，绝不能溺爱，不能宠；爱，也应该有限度。如果儿童任性心理长期得不到纠正的话，会妨碍孩子的心理健康和心理的正常发展。

因为任性会导致人无法正确认识和判断事物，个性固执不明事理，妨碍生活能力的发展，不善与人交往，难以适应环境，不被别人接受而陷入孤独，经不起生活的考验和挫折，对孩子健康成长极为不利，严重的还会由于易冲动而犯罪。

对此，教育任性的孩子，父母应注重如下策略：

（1）习惯法

培养孩子良好的行为习惯，从根本上改掉孩子任性的毛病。父母让孩子从小养成良好的行为习惯，处处按要求做，孩子就能自觉地和父母保持一致。一旦孩子养成了良好的生活习惯，就干什么都有规矩，不会随意提出特殊要求。

（2）预防法

孩子的任性发作一般都是有规律的，当可能诱发孩子任性的条件临近时，要事先做好预防工作。可以事先约法三章，提出要求。

（3）严格法

孩子任性往往是抓到了父母的弱点。父母越怕孩子哭，孩子越哭个没完；父母越怕孩子满地打滚，孩子就偏在地上滚个没玩。父母对孩子提出的不合理要求，不管他怎么哭、怎么闹，绝不能有任何迁就的表示，态度要坚决，而且要坚持到底。

（4）转移法

转移孩子的注意力。当孩子任性的时候，可以利用孩子易于被其他新鲜的事物所吸引的心理特点，把孩子的注意力从他坚持要做的事情上转移开，从而改变孩子的任性行为。

例如，一个跟着母亲购物的儿童，在商场里玩得很上瘾。母亲急着赶回家，可他就是不愿意走。如果母亲说："我们回家吧！"他可能坚持要在商场里玩；如果母亲说："走，妈妈带你去坐汽车。"他可能愉快地答应了，然后妈妈领着他坐公共汽车回家。

（5）理解法

在情绪上表示理解，但在行为上要坚持对他的约束。例如，吃饭的时候，孩子忽然发现爱吃的菜今天没有，就生气地拒绝吃饭。

即使冰箱里有原料，母亲也不应该迁就孩子给他做，应明确表示饭菜准备好了，就不应该随便更换。如果孩子继续闹，可以让他饿一顿，等他感到饥饿时，自然会找食物吃。

（6）回避法

有些孩子的不合理要求没有得到满足就纠缠不休，这时，父母可以暂时不去理他，让他感到哭闹的方法是无效的，他就会停止。事后可以与他坦诚地交流，让他说明原因。当然，解决孩子任性的方法还有很多，关键在于培养孩子认识和判断事物的能力。

（7）交往法

让孩子多和伙伴们一起玩耍，群体生活的一个重要原则就是少数服从多数，如果个人的意愿与多数人不一致，那么就会被否定。父母应该多让孩子和他的同学、伙伴一起玩耍。

而且，在群体中，那些通情达理、不任性的孩子也会在无形中给任性的孩子以示范，让他们感到任性只会遭人厌弃，而通情达理才会融入群体之中。久而久之，孩子身上任性的毛病就会逐渐淡化。

（8）知识法

孩子有时任性是因为知识少，认死理，往往把错误的行为当成正确的行为，固执己见。孩子还分不清坚强与固执、谦让与软弱、勇敢与蛮干的界限。父母要想办法使孩子扩大视野，增长见识，孩子懂的知识多了，就会改变自己过去一些错误的做法。

（9）诱导法

有的父母认为，自己的孩子是"生成的骨头，长成的筋，天生的拧种"，改不了！其实不然，孩子毕竟还小，只要诱导得法，完全可以改变他任性的毛病。

诱导时要多抓积极因素，用积极因素克服消极因素。每当孩子要犯拧时，父母就表扬他的优点，孩子听到表扬可能情绪就转过来了。

（10）强化法

要让孩子感到父母喜欢的是不任性的孩子。当孩子任性刚要发作时，父母可以借以前听话时的例子引导他克制自己，不任性。这样有利于调动孩子自己克服任性的积极性，提高孩子控制自己情绪的能力。父母还可以在孩子任性时或任性后，对其任性给予一定的批评或惩罚。这样会使孩子感到父母的严格要求，使孩子认识到任性是一种错误的行为。

## 温馨小提示

教育孩子，培养孩子健康、健全的人格，是每一个父母需要长时期学习和研究的课题，孩子是最生动、最丰富的研究对象，只有深入其中，才能更多地了解他们，理解他们，对他们既要有爱心，还需有诚心、耐心和恒心。总之，一句话，爱，绝对不能宠；爱，也应有度。

# 锻造孩子勇敢的品性

一个人能否成功,不仅要看他掌握知识的多少,还要看他能否勇敢地面对挫折。现在不少独生子女骄娇气十足,在外边在家里都是小皇帝脾气,做父母的宁可自己多吃点苦,也不忍心让孩子吃一点点苦,受一点点累。因此,在这样的环境中成长起来的孩子,普遍缺乏勇敢精神。对此,父母应引起必要的重视。

1. 了解勇敢品性的特征

一般来说,具有勇敢品质的孩子,主要有如下特征:

(1)开朗直率,敢于发表自己的观点

勇敢的孩子能与人正常交往,没有心理障碍,做事情不优柔寡断、瞻前顾后;学习效率较高;在同学和老师面前,敢于发表自己的观点,比较受同学敬佩。

(2)意志坚强,勇于进取

勇敢的孩子在困难面前,比一般的孩子显得坚强得多。有位孩子在作文中写道:

摔倒了并不可怕,可怕的是摔倒后不能爬起来;惊涛骇浪不可怕,可怕的是在惊涛骇浪面前失去了镇定。要知道,在希望与失望的决斗中,如果你用勇气去面对挑战,那么胜利必属于希望。

这是一位具有勇敢品格的孩子写的,可以看出他在学习、生活的困难面前所表现出的顽强勇气，有这样的勇气，还有什么困难不能克服呢？

（3）思维敏捷，富有才干

具有勇敢品质的孩子，往往不满足于已有的知识、成绩和现状，不墨守成规；他们的思维总是处于兴奋活跃状态，善于抓住新的知识，有着自己独特的见解。

一位初二学生回答老师提出的问题。老师提问："苏东坡的诗句'竹外桃花三两枝，春江水暖鸭先知'中，为何鸭子最先感受到春江水变暖呢？"

这位同学回答说："因为鸭子最勇敢，只有勇敢向前的人，才能做到真正的先知。"

这位同学的发言受到老师和同学们的赞赏，但更精彩的回答还在后头。当老师问道："那么，你是否愿意做一位先知的勇敢者呢？"

这位同学回答道："我愿意，因为幸运喜欢光顾勇敢的人，这是达尔文的名言，我要向他学习。"

无疑，这是个具有勇敢品质的孩子，在知识的春江里，像鸭子一样，将最先感知到知识的"水暖"。

（4）明辨是非，伸张正义

具有勇敢品质的孩子，在集体利益与个人利益相冲突时，能维护集体利益，表现出无私精神；在正义与邪恶相斗争时，能挺身而出、维护正义，表现出大无畏的气概；在他人遇到困难时，能见义勇为、乐于助人，表现出崇高的道德情感。

他们的勇敢不同于鲁莽、粗暴、出风头，往往表现出机智、灵活、沉着、冷静，行为动作具有明确的目的性，并且雷厉风行，说干就干。

**2. 培养孩子勇敢品性的原则**

家庭教育是诸多教育渠道中的重要一环，作为父母，应该怎样培养孩子勇敢的品性呢？其实，只要遵守几个原则，让孩子变得勇敢就并非难事。

（1）少些无谓的关心

孩子都是家中的宝贝，父母的过度关心和呵护成了培养孩子勇敢品质的一大障碍。这些无谓的关心会让孩子认为"原来这件事这么严重，我肯定会很难过"或是觉得"原来这件事这么困难，我肯定做不到"。

这种错觉让孩子失去了对问题和自我能力的正确把握，即使面对一些自己能够克服的困难，也会因为没有自信而丧失勇敢面对的勇气。

在生活中，父母应适时冷漠，给孩子独立面对困难的机会，让他认识到自己的能力可以应对所遇情况，从而克服对父母的依赖心理，锻炼独立性和自信心。比如，孩子不小心摔倒了，如果情况并不严重，父母就应鼓励孩子自己站起来。等孩子站起来后，再通过及时的夸奖来强化这种行为。这样，当孩子再摔倒时，就会勇敢地自己站起来了。

（2）少些威胁恐吓

孩子关于恐惧的体验是后天形成的，父母的威胁和恐吓是孩子恐惧体验的主要来源。学龄前儿童对家长的依恋性很强，如果动辄扬言"不要你了""送给别人"，孩子容易产生被遗弃的感觉，变成内向胆小的"惊弓之鸟"。有的父母在孩子哭闹时经常用"狼来吃你了""妖怪来了"等语言吓唬孩子，也会让孩子的心里感到恐慌。

父母在教育孩子时要讲究方法，不要依靠威胁和恐吓获得孩子暂时的乖巧，应该发现孩子不听话的原因，然后对症下药。同时理解和赏识孩子，不要用过高的标准来要求他做力所不能及的事情，要站在孩子的立场，及时发现他的长处和进步。

例如，孩子吃饭时总是把饭菜掉到餐桌上，父母首先要明白，孩子的精细动作和自制能力还不完善，出现这种现象是很正常的。然后通过赏识和鼓励，促使孩子改正缺点。比如："你已经比以前好多了，继续加油，就能成为一个节约粮食的好孩子了！"

（3）多点亲身体验

孩子往往会因为对事物缺乏了解而产生恐惧，如有的孩子害怕色彩鲜艳的东西、有的害怕突然出现的小动物等。另外，孩子对某些事物的恐惧也来自家长的影响，如妈妈看到蟑螂时连声尖叫，孩子就会因此觉得蟑螂是个可怕的东西。如果父母因为孩子害怕就任由他远离事物，不给他观察和接触的机会，只会让他对这些事物产生更深的恐惧心理。

孩子的这种胆怯大多是因为缺乏自信才产生的，而自信要建立在必要的知识和技能基础上。当孩子对某些事物产生恐惧时，父母应先教给孩子相关的知识，帮助他建立对事物的正确认识，让孩子明白这个事物并不可怕，然后再通过亲身示范，鼓励孩子自己去感受和体验，从而消除恐惧感。

例如，有的孩子害怕小动物，父母可以给孩子讲关于小动物的故事，让他建立对小动物的正确认识和良好印象，然后通过示范和这些小动物相处的方法，鼓励孩子去亲身接触，这样，孩子的恐惧就会烟消云散了。

（4）多点快乐冒险

勇敢与冒险是紧密相连的，适度的冒险是培养孩子勇敢品质的重要方法。有些父母因为怕出危险，往往忽视了对孩子冒险精神的培养，这样会让孩子滋生依赖性强、意志薄弱、责任感差等缺点，这是非常不利于孩子成长的。

因此,当孩子对冒险性的活动产生兴趣时,父母千万不要毫无理由地拒绝孩子,更不要训斥和吓唬他:"掉下来就没命了!""你想找死啊!"这会扼杀孩子可贵的冒险精神,使孩子变得胆小怯懦。

在有安全保障的前提下,应该鼓励孩子玩一些带有冒险成分的游戏,如荡秋千、滑板、游泳、骑自行车等;如果条件允许,还可以尝试坐过山车、登山、跳水等。

面对孩子的冒险活动,父母要从容对待,并不失时机地给予肯定和赞赏。当然,父母一定要事先给孩子讲明活动的危险性和需要注意的事项,让孩子做好充分的心理准备;必要时,和孩子一起活动、一起冒险,给他具体的指导和必要的保护。

**3. 锻造孩子勇敢性格的要诀**

为了锻造孩子勇敢的性格,父母不妨掌握如下要诀:

(1)消除孩子的恐惧感

心理学家认为只有当孩子感到你承认他害怕的东西是客观存在的时候,他才会相信你对解除他的害怕所作的解释。做父母的要正确对待孩子所害怕的事物。

一种非常有效的方法是教给孩子关于某些事物的知识。例如,有的孩子害怕猫、狗等小动物,父母就可以给孩子讲一些有关这些动物的小故事,并告诉他们这些动物一般不会伤害人,但要学会与它相处的方法。这样,就可以帮孩子增强安全感。

有些孩子怕虫子、老鼠或者青蛙,父母应该找一些这些动物的图片,先让孩子看图片,然后解释某些小动物的特点。比如,虫子有很多种,有一些可以起到保护植物的作用,是益虫,不用害怕,即使有一些是害虫,但它们都很弱小,人类可以战胜许多强有力的动物,只要有勇气,有胆量,有智慧。这样,儿童的恐惧心理就会逐步减弱直至最后消退。

(2)注重父母的榜样力量

孩子特别爱模仿自己父母的言行,因而,父母的榜样作用对孩子影响极大,父母应该以自己无所畏惧的形象来影响孩子。另外,父母还应该坦率地承认自己也曾害怕过某些东西,但现在已经不再害怕它们了。

这样,孩子就会明白,他并不是世界上唯一害怕这些事物的人。从父母的身上他可以知道,这些事物并不那么可怕,是可以被征服的,恐惧的心理便会得到克服。

(3)了解孩子害怕的真正原因

孩子往往言行不一地掩盖他们真正所害怕的事情。例如,一些孩子每当父母要外出时总是哭闹不止,不让父母出去,而实际上他是怕一个人待在屋子里。因此,要细心观察孩子的日常言行,了解他真正害怕的事情,然后对症下药加以解决。

(4)培养孩子的独立性

要鼓励孩子自己去面对困难,克服其依赖性,使他们感到自己有能力、有办法应对遇到的问题和困难。不要对孩子过分呵护,要相信他们自己能够做到很多父母认为他们难以做到的事情。

总之,要培养勇敢的孩子,父母们就要从自身做起,并经常与孩子进行沟通,了解他们的真实想法,有意识地锻炼他们的独立性。坚持下去,你就会发现自己的孩子成了一个勇敢、坚强独立的小家伙。

## 温馨小提示

"初生牛犊不怕虎",孩子很小的时候是不知道害怕的,但是由于很多父母对子女过于关心，担心孩子受委屈、受伤害，当孩子面临小小的困难或考验时，马上就把孩子置于保护伞下，剥夺了孩子锻炼勇敢品质的机会。长此以往就形成孩子胆小怕事的个性，这是父母必须引起重视的问题。

在自然界中普遍存在一个法则：动物个体在出生时，由父母抚育成长，长大后就不能再与父母生活在一起，不能靠父母养活，得靠自己独立生活。如果不具备生存能力，离开父母的呵护就会被淘汰。

任何人只有具备独立、自主、思考的能力，才能在这个社会中占据一席之地。因此，父母切莫忽视了培养孩子独立自主的能力。

# 第四章　培养孩子良好习惯的心灵之约

　　不良的习惯是埋在孩子身边的隐形炸弹。孩子处在成长发育阶段，可塑性很强，即使有一些不良的习惯，家长注意引导，孩子就会形成良好的习惯。

　　孩子养成良好的习惯非一日之功，要从具体问题抓起。这样持之以恒，良好的习惯就能逐步形成。

# 不要让孩子"出口成脏"

如今在电视、网络、杂志等媒体的包围下，社会上的各种不良习惯都会传到孩子的眼中，而孩子的辨别能力有限，很容易受到污染。

现在的孩子和以前的孩子相比，见识广了，听的也多了，因此课外的学习和接受内容也越来越广泛。当然，这些内容有好的也有坏的，脏话无疑占了很重要的篇幅。而孩子习惯于说脏话，既是一种粗俗，也是一种低劣的表现，是与文明格格不入的。对此，父母必须正确地教育孩子。

1. 让孩子懂得说脏话是坏毛病

由于受到很多新潮思想的影响，现在有些孩子说脏话不仅说得多，而且说得奇，有些话甚至大人都说不出口，如果不是亲耳听到，很难相信这是出自一个孩子之口。

人们都说："孩子是最纯洁的天使。"可现如今纯洁的天使似乎越来越少了，因为很多天使都学会了一些为人所不齿的坏风气。孩子心灵比较单纯，对于新事物的接受能力也较强，也许这正是他们容易受到不良社会风气所影响的原因。

如果孩子真的学会了说脏话，父母也不要过于心急，只要你能够及时发现并给予正确指导，把不文明的行为消灭在萌芽状态，相信孩子一定会明白做一个文明人的可贵，彻底改掉这个坏毛病。

2. 改变孩子说脏话习惯的方法

几乎每个父母都面临过孩子说脏话的问题，那么，当这种坏习惯出现时，如何才能让孩子改变呢？现介绍如下方法：

（1）净化孩子的朋友圈

赵女士的女儿以前很听话，在学校里尊师重友，在家里孝敬长辈，对其他人说话也都十分礼貌，一直以来赵女士都以自己的女儿为荣。

可是最近，赵女士在无意中发现女儿居然学会了说脏话，这让她十分吃惊，于是忙把女儿叫来教导了一番。这以后，赵女士再也没有听到女儿说脏话了。

事情是这样的。有一次，赵女士的几个朋友来家里做客，因为是星期天，所以女儿也在家。对待客人时，女儿表现得彬彬有礼，"叔叔阿姨"叫得很亲切，客人们一个劲儿地夸她懂事。

就在这时，电话响了，原来是女儿的同学打来的，就在她们讲电话时，女儿竟然说出了"你他妈的"这样的字眼。一时间，赵女士不知所措，客人们也都尴尬地你看我、我看你，空气仿佛一下子凝住了。

等客人走后，赵女士把女儿叫了过来，问她到底是怎么学会说脏话的，女儿竟然说道："我有好多同学都会讲脏话，没什么大不了的。再说，说脏话也不是一点好处没有，当我心里不舒服时，骂几句就感觉好多了。"这样的答案让赵女士惊讶不已。

很显然，赵女士女儿的脏话就是从她的同学那里学来的。显然，孩子的朋友圈如何，对他们的影响是很大的，作为父母，不可能时时刻刻都看着孩子和谁交朋友，因此，不要试图通过阻止孩子交友来达到远离说脏话的目的。

不过，父母虽然不能干涉孩子的交友自由，却可以为孩子交友提供一些建议，正所谓"近朱者赤，近墨者黑"，让孩子明白好的环境对他的人生有多么重要的影响，从改变孩子自身开始。

（2）父母要注意自我形象

外界因素对孩子的影响是很大的，只要父母以身作则，孩子自然乖巧，如一个孩子整日生活在脏话的世界里，那么如果他不会说脏话那才是天下奇闻。因此，父母在孩子面前应该以身作则，时时刻刻注意自己的一言一行。平时在家里，每个人都要养成用礼貌用语的习惯，给孩子提供一个好的语言环境，不要让孩子染上坏习惯。

此外，如果父母带孩子到公共场所，则应该尽量避开那些受到污染的地方，更不能带孩子围观他人吵架，否则会让孩子敏锐地捕捉到关键词，而津津乐道地加以使用。如果不能直接避开，则要学会引开孩子的注意力。

（3）给孩子的心灵装上"过滤器"

父母应该在孩子小时就给他们灌输"讲文明，树新风"的理念，让礼貌牢牢地植根于孩子的内心。这样，就仿佛在他们的心灵上安装了一个"过滤器"，它会把那些不好的毛病通通漏掉，长大后自然也会明白礼貌待人的好处。即使孩子听到了脏话，也能够分辨是与非而不会轻易去学。

（4）用事例给孩子讲道理

在现实生活中，因为"出口成脏"而导致大打出手，甚至闹出人命的事不在少数。父母应该用这些事例来教育孩子，让他们明白说脏话的危害。

此外，平时让孩子多看一些公益广告，看一些好的电视节目、好的书籍，让正确文明的言行引导孩子健康成长，看得多了他就会为自己说脏话而感到惭愧了。

## （5）教育方法要得当

有一位妈妈，无意间发现了自己5岁的儿子在说脏话，她决定帮儿子改掉这个毛病。

于是，她问儿子："你爱妈妈吗？"

儿子回答说："当然爱！"

妈妈又问道："那如果有人骂我，你会怎么做？"

儿子不假思索地回答："那我就去骂他。"

妈妈又说："可是如果你经常去骂别人的妈妈，别人反过来就会骂我了。"

5岁的儿子顿时被问住了，也许他正在想如何才能不让妈妈被骂。妈妈不失时机地又说道："其实，你骂别人的妈妈就是在骂自己的妈妈，如果你不想妈妈被人骂，那你就不能随口说脏话来骂别人，知道吗？"

儿子点了点头。自从这番教育之后，儿子逐渐改掉了说脏话的毛病。

说脏话，是一种不文明的行为习惯，每个父母都应该对此进行批评教育。当然，教育也要讲究方法，有些父母听到自己的孩子说脏话，马上就大动肝火，甚至动手打孩子，其实这样并不是引导，而是强硬教训。简单粗暴也许可以收到立竿见影的效果，但却不一定能够长久有效。

有些父母却是听之任之、放任自流，认为这种鸡毛蒜皮的小事，不必认真，当然更不能达到目的。还有些父母听到孩子讲脏话时，不仅不去制止，反而觉得很好玩，还哈哈大笑。孩子会误认为自己的表演得到了父母的认可和欣赏，于是更加不断地重复，结果养成了说脏话的习惯，长大了更不容易改正。父母再想管，已经晚了。

当孩子说脏话时，父母应该明确地说出自己的态度，如"爸爸妈妈不喜欢说脏话的孩子"，或"说脏话的小朋友会让人讨厌"等。在这样的影响下，孩子会因为自己可能受到冷落而改掉这个坏习惯。

倘若父母在耐心教育之后，孩子还是不能认识到说脏话的坏处，甚至还出现不满和抵抗情绪，那么全家人可以商量一下，全部有意地疏远他，让他尝一下被人冷落的滋味。一般情况下，孩子都能够对自己之前的行为感到反感，然后慢慢地收敛。

（6）要提早进行文明教育

根治孩子说脏话，越早越好。有些孩子三四岁就学会了说脏话，但他们并不懂得脏话意味着什么，更没有树立明确的是非观念，很可能就是无意间模仿了大人的一句话。

在他们的心里，说脏话只是好玩，并不代表其他，且父母越是制止，他们说得越起劲。此时，父母不要掉以轻心，应该抓住时机对他进行教育，才能避免日后的难堪。在现实生活中，很多父母就是由于没有及时地疏导，错过了最佳教育时机。

有个小女孩，3岁的时候无意中说了一句脏话，对象是和她同岁的、她爸爸的一位领导的儿子，她的爸爸听后十分生气，但并没有对女儿发脾气，而是抓住这个机会对她进行教育。他陪着女儿来到了领导家，要求女儿向对方道歉，有了这次的经历后，女孩再也不说脏话了。

第一次的教育往往是最深刻的，能够使孩子加强对自己行为的认识，在以后的生活中，他就会有意识地管住自己的行为。

**温馨小提示**

很多父母奉行"威信教育",认为只有当孩子无条件地服从自己时,教育才算落到实处。

殊不知,这样的教育对孩子来说是不公平的,他们不能发表自己的意见,于是对父母的意见也会特别反感。当这种不满积压到一定程度时,孩子就可能采用脏话来释放情绪,慢慢地养成习惯。所以,威信教育不可取。

# 培养孩子善待他人的习惯

孟子说:"君子莫大乎与人为善。"善待他人、不求回报是获得成功的基石,如果凡事斤斤计较,为人自私自利,不仅找不到合作伙伴,甚至有可能成为孤家寡人。

善待他人是人们在寻求成功的过程中应该遵守的一条基本准则。在现如今这个凡事都讲究合作的社会里,人与人之间更是一种互动的关系。

只有我们先表示友善,先善待他人,善意地为他人提供帮助,才能建立良好的人际关系,从而获得他人的愉快合作。

**1. 让孩子懂得善待他人的真谛**

有人说过:"幸福并不取决于财富、权力和容貌,而是取决于你和周围人的相处。"如果想让孩子成为一个幸福又快乐的人,那就要从现在起教会他善待他人。

也许有人会问:怎样才算是善待他人,与人为善呢?善待他人说起来简单,可是做起来却不容易,它包括相当广泛的内容,如关心他人,当朋友遇到困难的时候主动伸出友谊之手；尊重他人，不去探究他人的隐私，不在背后议论他人；善于和别人沟通、交流，善于和那些与自己兴趣、性格不同的人交往；承认别人的价值，负起自己该负的责任……

总而言之，善待他人最重要的原则就是"己所不欲，勿施于人"。父母要教育孩子凡事从对方的角度来考虑，只要孩子养成了这个习惯，那将来肯定会获得许多好朋友、好伙伴。

美国"石油大王"哈默少年时期流浪到了美国南加州的一个叫沃尔森的小镇上，当时正值寒冷的冬季，他没有地方可去，善良的杰克逊镇长就收留了他。

冬天一到，这个小镇的天气通常都是雨雪交加，而镇长家花圃旁的那条小道受雨雪影响变得泥泞不堪，路过的行人纷纷改道穿花圃而过，弄得里面一片狼藉。

哈默看到这些，心里很是不忍，因此他便冒着雨雪看护花圃，让路过的行人不要践踏花圃，还从那条泥泞的小路上走过。不久，镇长担来了一筐炉渣，将那条小路铺好了，于是行人就不再从花圃中践踏走过了。镇长对哈默说："关照他人就是关照自己！"

"关照他人就是关照自己！"这虽是普普通通的一句话，却让少年的心灵受到很大震撼和启发。他就此悟出：关照他人尽管也需要付出，但同样能够有所收获。镇长的一句话，成为哈默一生享用不尽的财富。

生活中往往就是这样：对他人多一份理解和宽容，其实就是支持和帮助自己，善待他人就是善待自己。就如中国古语说的那样："赠人玫瑰，手留余香。"

在追求成绩的过程中，任何人都离不开与他人的协作。特别是在现代社会里，倘若你想取得成绩，就应该想方设法获得周围人的支持和帮助。只有你真诚地善待他人，别人才会与你真诚合作。请牢记这句话：善待他人就是善待自己！

**2. 引导孩子善待他人**

父母若要教育孩子善待他人，可以通过角色转换的方法让孩子摆脱以自我为中心的不良想法，学会心中有他人，宽容他人。

有一个孩子，他不懂得回声是怎么一回事。有一次，他独自站在小山岗上，大声叫道："喂！喂！"

远处小山立即传出他的回声："喂！喂！"

他又叫："你是谁？"

回声答道："你是谁？"

他又尖声大叫："你是傻瓜！"

立刻又从山上传来"你是傻瓜"的回答声。

孩子非常生气，对小山骂起来，然而，小山仍旧毫不示弱地回敬他。

孩子怒冲冲地回家对母亲抱怨，母亲对他说："孩子呀，那是你做得不对。如果你恭恭敬敬地对它说话，它就会和和气气地对待你。"孩子说："那我明天再去那里说些好话。"

"应该这样，"他的母亲说，"在生活中，无论男女老少，你对人好，人便对你好；如果我们自己粗鲁，是绝不会得到人家友善相待的。"

父母应该教孩子对同学、同伴多一点忍让，多一份关心，这样别人也会遇事宽容自己，体谅自己，为自己着想。其实，只要孩子学会了善待他人，那他就会赢得朋友，就会真正体会生活的快乐。只有当孩子学会了与人交往，道德意识才有可能萌发。教给孩子如何对待他人，其实是一种道德学习。

### 温馨小提示

要教育孩子善待自己的亲人。因为孩子来到世上，最先接触的就是亲人。一个不善待亲人的孩子，将揣着一颗自私和冷漠的心走向社会，他得到的将是孤独和冷寂；一个懂得善待亲人的孩子，将揣着一颗友爱和宽容的心走向社会，他得到的将是温暖和接纳。

## 培养孩子珍惜时间的习惯

有人说"时间就是金钱"，其实完全可以认为时间就是生命本身，时间也是独一无二的，对每个人来说是只有一次的宝贵资源。每个人的人生旅途都是在时间长河中开始的。只有那些能够把握时间、会利用时间的人，才能最早接近成功的终点。

时间总是在不经意间悄悄溜走，如果不去主动抓住它，它永远不会停留。回首以前的岁月，很多人都知道自己浪费了许多光阴，为了让孩子的人生不再重演这样的失误，应该立刻行动起来，让孩子从今天开始开发时间这一宝贵的资源!

### 1. 认识珍惜时间的重要意义

每个人都是在时间的长河中开始人生的旅途,每个人的生命都是在时间中发展的。谁能够把握时间,谁就会利用时间,谁就最早接近成功的终点,所有希望孩子成才的父母,要培养孩子做时间的主人,这会使他们终身受益。

如今,越来越多的父母逐渐认识到让孩子学会合理地安排时间,是一个十分重要的问题。学会合理利用时间,不仅是保证孩子身心健康成长的重要条件,还是成才教育的一项基本训练。这种训练应当从小学阶段就开始。

上小学的孩子已懂得了昨天、今天、明天,认识了年、月、日,并随着年龄的增长,时间观念不断增强,但他们还没有真正懂得"一寸光阴一寸金,寸金难买寸光阴"的道理,没有时间的紧迫感,没有学会安排和利用时间。因此,父母应帮助孩子克服淡薄的时间观念所造成的一切不良习惯,必须增强孩子的时间观念,培养孩子养成惜时、守时的良好习惯,帮助孩子合理地利用时间。

时间对于每个人都是平等的,一天都是24小时,对待时间的态度不同,时间贡献的效益可能就大相径庭了。鲁迅先生认为他自己的成功,不过是把别人喝咖啡的时间用在了学习和工作上罢了。他不赞成那种空耗时间的人。他对自己的时间极其吝啬,一分一秒都不愿白白流逝,他把时间比作海绵里的水,总是尽力去挤。

所以说,鲁迅先生对时间的比喻,道出了生命的真谛,一个"挤"字道出了生命的价值、生命的意义。若一辈子总是晃晃悠悠、无所作为,生命还有什么价值可言!若对时间没有"挤"的精神,想成就一番事业,岂不是懒汉做美梦——空想一场而已。有志者惜时如金，无志者空活百岁。不善挤时间的人，很难有什么宏图大志。

让孩子从小就具有时间观念，珍惜时间，才能使孩子养成雷厉风行的作风，干什么事都有责任感和紧迫感。学习时能集中精力，神情专注，不丢三落四；做事时有板有眼，快捷利索，不磨磨蹭蹭。

可以说，让孩子们懂得并学会珍惜时间，这本身就是人的一种素质、一种能力。伟大的科学家爱因斯坦说过："人的差异在于业余时间。"由于个人对时间的处理态度、安排内容、使用方式各不一样，必然会给个人的成绩或成就带来各种不同的影响，导致人与人之间差异的产生：有人杰出、有人平庸、有人沉沦。古今中外珍惜时间，刻苦钻研，从而创造辉煌业绩的人不胜枚举。

**2．培养孩子珍惜时间的方法**

（1）以自己为榜样

父母可以通过以身示范，给孩子树立惜时如金、守时有信的良好榜样。这是教育孩子、强化孩子惜时意识的有效措施。如果父母本身就是一个勤快的人，生活节奏快而不乱，自然会影响孩子。反之，如果父母整日松松散散、无所事事，孩子必受负面影响。

（2）切不可娇惯孩子

许多孩子不懂得珍惜时间，这与父母对孩子的娇惯有很大的关系。有的孩子爱睡懒觉，每天早上父母一遍一遍地叫，直耗到不起床上学就迟到的时候，才匆忙起来，父母还得给孩子穿衣服，收拾书包，叠被子……

这样做不但不利于培养孩子的时间观念，也助长了孩子依赖父母的习惯。在处理这类问题时，我们不妨给孩子一点小小的惩罚，让孩子尝尝自己耽误时间的苦果。有些自尊心强的孩子会从中吸取教训，以后会逐渐养成按时起床的习惯。当然，采取这种以自然后果惩罚孩子的方法，父母要根据孩子的心理变化和实际承受能力把握时机，灵活运用。

（3）让孩子集中精力做事

一旦养成了集中精力做事的好习惯，就不会出现手忙脚乱、被动应付的局面，反而会觉得时间比较充裕。对孩子来说，做作业集中精力，很快做完与拖拖拉拉，总也做不完比较，前者反而可以腾出更多自由支配的时间，可以去做自己喜欢做的事，或玩耍、或游戏、或看电视、或读课外书等。

（4）培养孩子的时间观念

培养良好的时间观念是一个人做事成功的基本前提，但并不意味着全部。尤其是对青少年而言，良好的行为习惯是多方面的。父母是孩子的第一任老师，在与孩子朝夕相处的岁月中，最了解也最熟悉自己的孩子。同时，父母有意无意在孩子面前所表露的一举一动，都对形成孩子的一些习惯行为起着至关重要的作用。

但由于一些父母的疏忽，其总认为孩子还小，"树大自然直"，对孩子做事少闻少问、少导少管，正确的行为缺乏鼓励强化，错误的行为没有坚决抵制，久而久之，使问题变得越来越突出，好习惯没有形成，却形成了许多坏习惯。

（5）让孩子体味"快"的甜头

孩子在感觉到做事快对他来说大有好处时，才会认为做事快是值得的，是一种好的习惯，他做事时才会因此而更加"快"起来。

孩子自己会有一笔账：我做得越快任务越多，反正也不能出去玩，不如索性做得慢一点，起码可以省点力气。这个问题解决的最好方式就是，平时不要总是对孩子层层加码，要把孩子节约出来的时间还给孩子，在孩子较快完成了任务之后,赋予孩子自由安排生活的权力,让孩子去做一些自己感兴趣的事情。

(6)从善于抓紧时间着手

为了不浪费时间,一切生活与学习用品,摆放有序,要有规定,若摆得杂乱无章,常常为找东西浪费许多宝贵的时间。要从小养成今天的事今天做完的习惯,督促孩子把应该做的功课按时完成,不要随意将任务推迟。切忌明日复明日,明日何其多的拖拉作风。

在养成按时完成任务这个好习惯的过程中,父母要耐心细致地说服帮助,不可性急、焦躁,更不可采取粗暴强制的办法。在督促孩子完成他自己排定的任务时,要着眼于时间观念的培养,而不仅仅是应付差事。

## 温馨小提示

培养孩子珍惜时间的方法有很多,除了上述介绍外,还应注意如下几点:

1. 通过具体事例,让孩子懂得惜时如金的重要意义。比如,首先让孩子认识时钟,懂得时间与生活的关系,知道做事不能拖延、浪费光阴,要惜时如金、争分夺秒。同时向孩子介绍古今中外名人珍惜时间的名言和故事,让孩子知道时间的作用和价值,逐步懂得"爱惜时间,就是爱惜生命"。

2. 父母可以通过制定规矩,使孩子养成按时完成任务的好习惯。比如,帮孩子制定自己动手料理生活的规矩或制度,让他们形成各自富有特色的生活规律。同时,帮助孩子养成在规定的时间内完成任务的良好习惯。要有意识地培养和训练孩子的意志,以增强孩子的自我控制能力,学会排除干扰,不为无关的外界刺激而分心，以致影响效率，妨碍学习。

3. 让孩子学会提高时间的利用率。有的孩子虽然很勤奋，但不会利用时间。同样是一个小时，有的孩子可以把所有作业都做完，而有的孩子却只能做完一半。此时，父母可以帮助孩子提高学习效率，剔除浪费时间的活动，从而达到花尽量少的时间，完成尽量多事情的目的。

# 将文明礼貌的种子培植到孩子心里

良好的礼仪不仅能展现一个人的修养和魅力，而且能够帮助一个人走向成功。从外表上看，礼貌是一种表现或交际形式；从本质上讲，礼貌反映了我们对他人的一种关爱之情。所以，真正的礼貌必然是发自内心的。

### 1. 礼貌是行为规范

讲礼貌是处理人际关系所不可或缺的一种行为规范。人与人之间的互相观察和了解，通常都是从礼仪开始的。举止优雅、彬彬有礼的人，会更容易交到朋友、找到工作。

有位哲人说：凡是比较明智和有礼貌的人，都特别谦虚谨慎，从不装腔作势、装模作样、夸夸其谈、招摇过市。他们都是用自己的行为来证实自己的内在品性，而不是用语言。

一个有教养的孩子懂得如何礼貌待人，而这样的孩子很受他人欢迎，这就是心理学上所说的"被众人接纳的程度高"。文明礼貌是从小培养起来的，只有从小就重视孩子的言行，才能形成良好的习惯。

### 2. 礼貌从家长做起

父母要首先为孩子树立一个好的榜样，要知道，父母良好的行为举止是对孩子最生动、最直接、最有效的教育。父母可以利用家里来客人的时机提醒孩子该怎样做，并为孩子做出榜样。

（1）为孩子树立榜样

音音7岁了，有一次家里来了客人，可音音在接待客人时并没有用礼貌用语，妈妈发现后并没有在外人面前指责孩子。因为妈妈知道批评和指责通常会造成孩子的逆反和不服心理，而且这种做法本身也是不礼貌的。

妈妈在客人离去后，把音音叫到身边，温柔地对她说："音音，叔叔今天送你的礼物喜不喜欢啊？"

音音马上回答道："喜欢。"

妈妈接着说："那你对叔叔讲话时，怎么没有用礼貌用语呢？这是不对的。你应该说'谢谢叔叔'，你说是不是？"

音音恍然大悟地说："哦！对不起，妈妈，我忘记了，以后会注意的。下次见了叔叔再跟他说'谢谢'行吗？"

妈妈听了之后笑了。妈妈在事后通过耐心地提醒和引导，让孩子了解到了自己错在什么地方。

父母要以身作则，要用文明语言，在家里不要讲粗话、脏话，家人之间要多使用礼貌用语，说话要和气。通过自己的行为潜移默化地影响孩子，一定能使孩子在良好的环境中养成文明礼貌的习惯。

（2）净化语言环境

孩子不懂文明用语根源往往来自周围的环境，要想让孩子成为一个讲文明、懂礼貌的人，就要善于净化孩子周围的语言环境。

汪洋刚刚上小学一年级，可是从他到学校开始就满口脏话，还经常欺负女生，甚至对女老师也很不恭敬。

班主任联系了汪洋的妈妈，没想到他的妈妈却对老师哭诉汪洋对她也是如此无礼。于是班主任便开始苦口婆心地教育汪洋要讲礼貌，但收效甚微。

有一天，班主任到汪洋的家里去家访。开门迎接老师的是汪洋的爸爸，班主任老师便随口问了句汪洋的妈妈在哪里，汪洋的爸爸则轻蔑地说："那个死猪婆，到现在还赖在床上呢！"

班主任老师马上就明白了为什么汪洋会满口脏话，不讲礼貌了。

有这么一位当着孩子的面如此侮辱自己妻子的父亲，而且还不顾外人在场，孩子怎么可能会讲礼貌呢？班主任老师非常愤怒，当着汪洋的面，严厉地批评了他的爸爸。汪洋的爸爸也意识到自己的行为对孩子的不利影响，后来逐渐改掉了说脏话的习惯，也慢慢地学会了尊重妻子，不讲粗话。而汪洋也不再说脏话了，并且变得越来越懂礼貌了。

### 3．注重礼仪的要点

父母在平时要有意识地向孩子强调注重个人礼仪的重要性，并注意从以下几个方面来培养和要求孩子：

（1）仪容仪表

教育孩子要保持仪容仪表的整洁，要把脸、脖子、手都洗得干干净净；勤剪指甲勤洗头；早晚刷牙，饭后漱口，注意口腔卫生；经常洗澡，保证身体没有异味；衣着要干净、整洁、合体。

（2）行为举止

教育孩子的行为举止。目标就是"站如松，行如风，坐如钟，卧如弓"，主要从站、坐、行以及神态、动作方面提出要求。

优美的站立姿态给人以挺拔、精神的感觉；身体直立、挺胸收腹、脚尖稍向外呈"V"字形。要避免无精打采、耸肩、塌腰，千万不能半躺半坐。走路要昂首挺胸，肩膀自然摆动，步速适中，防止内八字或者外八字脚、摇摇晃晃，或者扭捏碎步。

（3）表情神态

教育孩子要表现出对人的尊重、理解和善意，一个动作、一个神态就会影响在别人心中的位置。与人交往要面带微笑，千万不要出现随便剔牙、掏耳、挖鼻、搔痒、抠脚等不良的习惯动作。

（4）言谈措辞

要求孩子使用文明礼貌用语。例如，"您好、谢谢、请、对不起、没关系"等。要求孩子做到态度诚恳、亲切，使用文明语言简洁得体，既不能沉默寡言，也不能啰唆重复。

父母向孩子强调文明礼貌的常识时，不要用教训、命令的口吻，而是要循循善诱、谆谆教导。同时，父母还要让孩子明白，人与人之间若出现互相挤撞，不要恶言恶语，要有理解、宽容的态度；要求孩子做到行为文明，如和人见面时主动打招呼、和别人说话时专心、爱护公共环境、遵守交通规则等。

## 温馨小提示

父母在发现孩子没有做到礼貌待人时，千万不要强迫孩子。因为现在生活中有很多例子证明，当父母在孩子没有礼貌的时候强迫孩子讲礼貌，不但得不到想要的结果，反而让孩子产生逆反心理。

这个时候，父母应该引导孩子，让孩子换个角度，设身处地地为他人着想，这样孩子的礼貌举止才会是发自内心的。

## 培养孩子做事耐心的习惯

很少有孩子能够长时间专注于一件事情，加上家长平时并不是特别在意培养孩子的耐心，使得他们往往缺乏有始有终的恒心。耐心也是一种习惯，而习惯是后天培养成的，不是天生的。所以培养孩子的耐心和坚强意志应从小做起。

在对孩子的教育过程中，肯定会遇到一些难以克服的难题，家长必须要有耐心，同时给了孩子以持续的动力。可以说，培养孩子耐心的习惯会让他终身受益。

### 1. 了解孩子缺乏耐心的原因与表现

平时经常会听到一些父母抱怨自己的孩子："我儿子很聪明，就是干什么都没耐心，做事总是虎头蛇尾，半途而废。"事实上，孩子做事是否有耐心是相对而言的，年龄越小，其稳定性和持久性就越差。其原因有多个方面，归纳起来，大致有以下几类：

（1）环境方面的原因

如有的父母管教孩子没有经验，在孩子面前又急躁又啰唆，孩子干任何事情，他们都爱问长问短，看似关怀备至，实则干扰了孩子的注意力和兴趣，这很容易使孩子心烦意乱，不知所措。

另外，有些家庭夫妻关系紧张，经常吵吵闹闹，处于这种氛围的孩子，容易产生心情抑郁，从小就缺乏安静专注的习惯。

有些儿童调换环境过于频繁，年幼的儿童对环境的变化是相当敏感的，而适应性则很差。环境的改变，意味着要儿童重新进入一个陌生的环境中，这种变化可能导致儿童产生一种不安全感、不信任感。

（2）生理方面的原因

有些儿童身体羸弱，对周围的事物缺乏必要的精力和热情，他们由于体弱多病，往往爱故意撒娇，容易疲劳，因此，很难专注于某事某物。

不少父母对儿童的心理需要缺乏必要的认识，对孩子有求必应。以玩具为例，只要孩子喜欢就尽其全力买下来。他们认为，玩具可以开发儿童智力，自然多多益善。但他们却忽略了，儿童在琳琅满目的玩具面前晕头转向，无所适从，这种情况下儿童没有耐心就不足为怪了，个别的甚至会养成玩具破坏癖。

假如父母不了解孩子真正的心理需求，对孩子百依百顺，也会致使孩子无所事事，无法静下心耐心地做事。

另外，你的孩子是否表现出以下情况：

一是面前的食物还没吃完，便迫不及待地嚷着要吃另外的食物。

二是在游乐场看到好玩的滑梯，无视前面正在排队的小朋友，自己硬要抢先上去玩。

三是上兴趣班时，发现自己怎样也无法做好时，便轻易放弃。

四是当要求不能被及时满足的时候，立即发脾气，甚至情绪失控。

五是变得一天比一天霸道，不能遵守社会的规范，如排队等候。

六是做事缺乏计划性，想什么时候做就什么时候做，想什么时候放弃就什么时候放弃。

七是不懂得什么是坚持，为什么要坚持。

......

以上所列举的这些情形，都是孩子缺乏耐心的常见表现。有了这种种表现，难怪人们说：如今的小孩一个个都是"急性子"！

缺乏耐心的孩子很容易被自己的情绪所左右，稍不如意就觉得无法忍受，不能冷静地思考解决问题的方法，不能承受挫折，以致影响自己的学习和生活。

专家强调，父母应该及早地了解自己孩子的年纪、能力及脾气秉性。如果你的孩子属于缺乏耐力群中的一员，那就要从现在开始立即训练孩子的耐性，否则年龄越大，越难训练。

**2．培养孩子耐心的方法**

很多孩子在面对一件既复杂又耗时的事情时，往往只有三分钟热度，无法安下心将事情做完。对于孩子缺乏耐心的问题，父母一定要了解孩子的特点。

孩子缺乏耐心，这是由其年龄决定的，他们正处于发育阶段，身体的各种机能还不是很健全，注意力、意志力都处于萌芽状态。因此，坚持性比较差，常常一件事没做完，又去做另一件事，虎头蛇尾、没有耐心。年龄越小这种现象就越突出。

所以，孩子做事是否有头有尾、有始有终，属于心理活动中的意志品质问题。但是，意志是否坚强，对长大后学习、工作都有重要的影响。那么，家长应如何培养孩子的耐心呢？

（1）父母要做耐心的典范

父母要切记自己是孩子的榜样，单纯的孩子还没建立自己的行为模式，他是一个默默的观察者，今天父母做事的习惯就是明天他做事的标准。如果父母做事无耐心、无规律，你能期待孩子做事井井有条吗？

俗话说："上梁不正下梁歪。"如果想让孩子从小养成做事耐心的良好习惯，那么"上梁必须正"，必须以身作则，不管处理什么事情，都要认真、耐心、圆满地将其完成，做好孩子的表率。

（2）父母适当地给孩子设置点障碍

在要求孩子做事时，应有意识地为其设置一些障碍，从而为孩子提供克服困难的机会。这样能够激发起孩子的好胜心，让他有动力持续地做下去，当然，这个难度一定得是他努力后所能达到的。

因为耐心是坚强意志磨炼出来的，越是在困难的环境中，越能锻炼孩子的耐心。要鼓励孩子做事不能半途而废，让他明白，做好一件事要经过努力才能完成。而当孩子经过努力完成一件事时，对其给予及时的表扬，使孩子意识到自己耐心地做事是一件正确的、值得骄傲的事情。

（3）父母不要立即满足孩子的要求

值得父母注意的是，不要对孩子那些时时闪现的要求全部马上予以满足，应要求他们对正在做的事情集中精力，使其持久地沉浸在一种活动之中。让孩子们从实践中懂得，生活里有许多事情都是需要耐心和等待的。

对于年龄较小的孩子来说，他们在感觉肚子饿时会马上要求吃东西，渴了便要求马上要喝的，想要什么玩具当时就要得到。这时，父母不要立刻满足孩子的要求，学会有意延缓一段时间再满足孩子的要求，以从小培养孩子的耐心。

（4）有意识地培养孩子的耐心

在平时的教育实践中，父母要有意识地训练孩子的耐心，让其逐渐学会等待。让孩子懂得在适当的时候做某件事，懂得与别人协调行事等。

这种训练是必须的。因为随着年龄的增长，孩子的要求会越来越多，父母不可能做到满足孩子的每一个要求。如果一味地满足，很容易会让孩子误以为世界是以他们为中心的，将自己的要求排在第一位。要让他们明白，每个人都有自己的要求，等待是必不可少的，失望也是在所难免的。

## 温馨小提示

孩子只有有了耐心，才能很好地控制自己，执着地去做每一件事。对此，为了更好地培养孩子的耐心，父母除了掌握上述方法外，还应注重如下技巧：

1. 小游戏帮大忙

想要培养孩子耐心的习惯，首先要培养其专注力，专注力是忍耐力的基础。如果小孩子的专注力好，自然有耐性。父母可多陪同孩子玩一些有助于提高专注力的游戏，如"找不同""找错误"、拼图游戏、听故事……让孩子集中注意力，长时间专注做一件事。

2. 小奖赏不能少

小朋友有自己的目标，做事自然有毅力。当孩子渴望得到某样东西时，妈妈可以要求他们先达到某一个目标，达到后作为奖赏给他。孩子越大，要求也要相应地高一些，最重要的是所定下的目标必须清楚、明确、合理。因此，不妨采用"奖励卡"或"奖励贴纸"这些小道具，让孩子更容易掌握自己的努力成果。

3. 多项历练考验

孩子的兴趣越广泛，就越容易磨炼个人耐心。其实，要培养个人耐心，关键就在于建立延迟满足欲望的能力。而在这一过程中，如果情绪不容易波动，耐心自然而然地就建立起来了。因此，父母不妨安排孩子多参与各种不同类型的兴趣活动。

# 培养孩子细心认真的习惯

粗心大意、做事不细心是很多孩子的通病。然而，做事不认真的危害性是不言而喻的。从长远来说，会影响到事业的成功，就小处来看，会造成在生活中丢三落四，学习上错误百出。细心，是一种能力，是一种心理素质，完全可以通过有意识的培养形成。

### 1. 了解孩子不细心的原因

相信好多父母都有这样的感觉：现在的孩子太粗心大意了，学习上马马虎虎，考试时经常因不细心造成出错导致成绩不佳。在生活上也粗枝大叶。

孩子的不细心受众多因素影响，其中有气质因素，有些孩子对感觉刺激敏感性较差，注意力容易受干扰；也有知觉习惯的因素，对知觉对象的反应不完整，分辨不精细；还有兴趣的因素，对感兴趣的事情比较仔细，对不感兴趣的事情马马虎虎等。同时，粗心也与孩子年龄阶段的特点有关。

粗心会给孩子们的生活和学习带来不少麻烦，就小处而言，生活中会顾此失彼，学习上错误百出；从长远来说，不及时改正的话还会对今后的工作产生不良影响，甚至有碍于人生的发展。

对于孩子的粗心，父母不要过于指责和教训。因为粗心并不是仅靠批评教育的方式来改正的。如果反复责备孩子，就会让孩子产生一种畏惧甚至是恐惧心理。

在做某件事的过程中，孩子就会反复叮嘱自己"千万不能粗心，一定不能再出差错，否则又要被爸爸妈妈批评了"。这种心理不仅对孩子克服粗心的毛病不利，反而会影响孩子在做这件事时的注意力和精力。

也就是说，孩子越不想粗心，就可能会越粗心。父母应认真观察做事细心孩子的表现，然后为自己的孩子战胜粗心的不良做事习惯制订出详细的、有效的措施和计划。

**2．培养孩子细心认真做事的方法**

（1）要从小事做起

古人说："一屋不扫，何以扫天下。"从身边的小事做起，是培养孩子细心的一条必由之路。

将每件小事做好，便具备了做大事的能力。从心理学角度来说，就是不断地在大脑皮层施加信号，久而久之，就会习惯成自然。考虑到孩子的心理正处于不成熟阶段，从思想上给他灌输大道理孩子是不会听的，即便听了，也不会往心里去，应从他身边的小事来要求他。

为了能让孩子习惯成自然，可以从要求他每天整理自己的房间做起。早晨起来洗漱后，就开始叠被子、整理床单；用过的物品做到"物归原处"；学习资料摆放有序；做完作业就整理书包，并且一样一样检查。

在他做这些的同时，要不断地提醒、指导，并配以适时和恰当的鼓励，孩子年龄小，动作的熟练性、协调性较差，家长不能以成人的眼光苛求孩子。不能因为孩子没有做好或不容易学会就操之过急，简单地予以否定或粗暴地训斥，更不能讽刺、挖苦、谩骂乃至体罚。一段时间后，孩子便会自动养成认真做好每件事的习惯。

（2）提高孩子做事的兴趣

每个人都会有这样的感受：对于自己感兴趣的事情，不仅会细心去做，而且还极具自主性，乐此不疲，甚至流连忘返。因此，为了培养孩子的细心能力，应格外关注孩子的兴趣，提高其做事的兴趣。

经常鼓励孩子，使孩子树立起自信心。没有人不喜欢听好话，不过好话听多了，也会失去其应有的作用。在一开始，对于孩子在做事上稍改粗心的毛病，要给予一定的表扬，这样，孩子的兴趣才会被不断地提升上去，自信心也会不断地增强。

但如果一段时间之后，孩子对表扬不再有什么反应，而且粗心的毛病有所反弹时。就要针对孩子都喜欢表现自己的特点，改变鼓励的方式。比如说："今天我和你们班主任通电话了，他说你比以前更细心了。"或者有朋友来家里玩，就请他们夸些孩子很细心之类的话，故意让其听到；甚至请其他孩子的父母来表扬他。

经常向孩子请教一些问题，增加孩子的成就感。当孩子发现自己不管怎么做，都无法做好时，便感觉没有意思，粗心的毛病很可能会死灰复燃。

为了让孩子认识到他做的事情是有意义的，应时不时地向孩子请教。比如："妈妈想看一下电磁炉的说明书，但是找了很长时间都没找到，你能帮我找出来吗？"孩子很快就会找出来："妈妈真粗心，还是我比较细心。"这样他会认为把房间整理整齐、物归原处是有用的，下次会做得更好。

"同事家一个和你同年级的孩子今天问爸爸一个题目，但爸爸忘记怎么做了，你能教爸爸吗？"孩子在解答出来后，便会特别开心。如此请教，孩子对于做事的兴趣便会浓而不减，责任心不断得到增强。具备了浓厚的兴趣和强烈的责任心，孩子做起事来便会越来越努力和细心。

（3）排除干扰因素

排除外界干扰因素，是培养孩子养成细心认真做事不可或缺的重要环节。

当孩子在专心地做事时，倘若受到太多的外界干扰，很容易心绪烦乱，情绪不稳，使得注意力四处涣散，很难做到全神贯注。为了让孩子能够专注地做事，父母在孩子做作业时最好不要看电视、聊天，尽量不要弄出太大的声响，最好能够坐下来看书，陪着孩子一起学习，以此来排除干扰，为孩子创造一个良好的学习环境，促使孩子将注意力集中起来。

在发现孩子出现情绪烦躁、不稳状况时，应及时地与孩子谈心，帮孩子消除心理困惑，使其将精力放到应该做的事情上。

### 温馨小提示

培养孩子细心认真做事的能力绝非是一件小事，对于将来从事任何工作都是少不了的。有的孩子天生就比较细心，而很多的孩子却存在着不同程度的粗心。父母一定要坚信，孩子粗心的毛病是完全可以改掉的。然而，培养孩子的细心能力并不是一朝一夕就能达到的，在讲究方法的同时，还应做到持之以恒。

## 培养孩子敢于创新的习惯

现代社会最重视的是能力，特别是创造力。社会已经由"学历社会"向"能力社会"转化。未来社会最需要的未必是分数，而是能力，最有价值的未必是学历而是创造力。

社会在变革，知识在更新，新的时代要求孩子成为思维灵敏、判断准确、主意巧妙的智者，只有这样孩子长大后才能够适应时代的发展，成为知识能力兼有的创新型人才。

所以，父母必须从孩子小时候起，就注重对他们创新习惯的培养。这对他们成就未来美好的人生是十分有帮助的。

### 1. 认识创新思维的重要性

创新是一个民族进步的灵魂，是一个国家兴旺发达的不竭动力。创新的思维品格，是一切创新的重要基础。整个人类历史就是一个不断创造、不断创新、不断超越的过程。孩子是祖国的未来、国家的主人，同时他们也是未来国家竞争的直接参与者。所以，重视和培养孩子的创新思维，是每个家长的责任和义务。

创造性思维对未来人才来说是一个十分重要的素质，幼儿期是创造性思维萌芽的时期，这时创造性思维可以在他们的许多活动中表现出来，其主要特点是敢于大胆想象，不受客观事物的限制。因此我们应该重视孩子这种可贵的创造性思维萌芽，通过一定的教育手段，使这种创造性思维得以充分发展，为其未来的成长奠定良好的发展基础。

创造性思维作为人类认识新领域、认识新成果的一种思维活动，需要人们付出艰苦的脑力劳动。一项创造性思维成果的取得，往往要经过长期的探索、刻苦的钻研，甚至多次的挫折之后才能取得，而创造性思维能力也要经过长期的知识积累、素质磨砺才能获得，至于创造性思维的过程，则离不开繁多的推理、想象、联想、直觉等思维活动。其特质表现为：

创造性思维具有新颖性。它贵在创新，或者在思路的选择上、或者在思考的技巧上、或者在思维的结论上，具有前无古人的独到之处，在前人、常人的基础上有新的见解、新的发现、新的突破，从而在一定范围内具有首创性、开拓性。

创造性思维具有灵活性。它无现成的思维方法、程序可循，人可以自由地、海阔天空地发挥想象力。

创造性思维具有十分重要的作用和意义。首先，创造性思维可以不断增加人类知识的总量；其次，创造性思维可以不断提高人类的认识能力；最后，创造性思维可以为实践活动开辟新的局面。此外，创造性思维的成功，又可以激励人们去进一步进行创造性思维。正如我国著名数学家华罗庚所说："人之可贵在于能创造性的思维。"

就当今而言，我们所要培养的是创造型人才，创造型人才应学会创造性思维，能够打破常规，具有敏锐的洞察力、质疑能力、辨识能力以及探索能力。所以，培养孩子的良好习惯，并非要求像林黛玉进入贾府一样，唯唯诺诺，不敢多走一步路，不敢多说一句话。而是要鼓励孩子在遵守常规的基础上，养成一些富有个性的创造性思维习惯。切忌以习惯养成为名束缚孩子的言行，从而扼杀孩子的创造性。

总之，孩子的思维能力是幼稚的，但其发展潜力却是很大的。作为家长，要善于抓住孩子身边发生的每一个能激发他们思考、想象的事物来培养孩子的创造性思维，这对他们成就未来美好的人生是十分重要的。

**2. 培养孩子创新思维的方法**

创新能力是一个人最重要和最有价值的一种能力。一个孩子将来有多大成就，关键在于他的创新能力如何。作为家长，应该充分重视对孩子创新能力的培养。那么，应该从哪些方面来培养孩子的创新能力呢？不妨注重如下几个方面：

（1）带孩子接触新事物

能力需要大量的知识作铺垫，假如大脑里没有多少知识，对外面的世界几乎不了解、不熟悉，即使智商很高，也是不会有创新能力的。

家长要根据孩子的年龄和生活环境，利用节假日带领孩子接触新鲜事物。住在农村的，可带孩子去城市，让他们认识城市的建筑；住在城市的，可带孩子去农村走走，让他们认识一下农作物、家畜家禽以及欣赏田园风光，了解花鸟草虫的生存特性等。

认识的事物越多，想象就越宽广，就越有可能触发新的灵感，产生新的想法。如果整天把孩子关在家里，一心只想着让孩子学习，最终只能培养成没有创新能力的"书呆子"。

（2）鼓励孩子大胆探索

玩是孩子共有的天性，孩子越会玩往往就越聪明，不会玩的孩子不可能是聪明的孩子。家长要积极鼓励孩子探索性地玩耍，积极鼓励，就是要创造条件，必要时也可能一道玩耍。

探索性玩耍，就是要鼓励孩子玩出新的花样，尝试各种各样、不同的玩法。总之，不要阻止孩子玩耍，以有效增进孩子的智慧，培养其动手能力。

（3）正确对待孩子的提问

爱向大人提问题，是孩子进行思考和钻研的主要途径之一，是探索意识的表现。孩子从会说话起，就开始提问。由于年龄小，所提的问题往往十分荒唐，有的可能无法回答，但不管问得怎样，孩子都是渴求得到解答的。

作为父母，都应该心平气和地、认真地对待。对孩子的提问，父母有时可以直接回答，有时可以启发孩子自己去寻找答案，对于那些自己无法回答的问题，可以实话实说，与孩子一道探索。

（4）启发孩子的思维

在日常的家庭生活里，要经常引导孩子进行多角度地看待事物和分析事物，逐渐养成善于思考的好习惯。

其实，社会生活和家庭生活中的每一个事物，都可以作为启发孩子多角度思维的内容。多角度思考问题，实际上就是进行发散性思维的训练。培养孩子学会发散性思维是促进孩子具备创新能力的前提。家长要从小对孩子进行引导和培养。

（5）训练孩子的想象力

想象是创造之母，假如没有想象力，就不会有创新力的出现。在日常生活中，父母要有意识地训练孩子的想象力。比如，平时多给孩子提供一些富有幻想色彩的书籍；进行概念的联结训练，经常出一些毫不相干的概念，让孩子通过相关的中间环节把两个毫不相干的概念联系起来；对于爱看课外书籍的孩子，可以鼓励孩子自己去想象编一些小故事。

当然，着手培养孩子的创新能力还有很多途径，家庭生活和社会生活是非常丰富的，其具体经验需要从具体的生活中获取，家长朋友们应进一步探索和总结。

## 温馨小提示

培养孩子的创新精神应遵循如下原则：

1. 要从简单常见的入手

培养孩子的创造能力，不能起点太高，要从易到难，从简单到复杂。刚开始时最重要的是培养孩子创造的观念，在大脑中逐渐形成创造的意识，让孩子从常见的事物开始训练创造能力，让他们在平常中找到异常，在熟悉中找到陌生，使他们不易形成"熟视无睹"的心态，这正是创造能力发展的基本条件。

2. 独立进行创造性思维

父母要引导孩子独立地进行创造思维，用自己已掌握的知识和经验，针对要解决的问题，发现新的具有创造意义的解决方法。独立思考是孩子发展创造能力的一个关键点，因为孩子模仿能力较强，依赖感较强，如果不培养他们的独立性，就会逐渐养成依赖的习惯，这对他们创造能力的发展是极为不利的。

3. 让孩子尽早体会到创造的快乐

创造活动是一件快乐的事情，同时也是一件艰辛的脑力劳动。父母应尽早让孩子有所创造、有所成就，让他们体会到创造成功的快乐，从而激发他们进行创造的兴趣和动机。父母可以向孩子提出一些问题，让孩子成功地解决，在一次次成功的快乐中，孩子创造的观念逐渐形成。创造成了孩子学习和生活的一部分，犹如吃饭、睡觉一样成为孩子生活中的一种需要，我们创造能力的培养也就成功了。

# 改变孩子盲目攀比的习惯

攀比是一种社会心理现象，是每个人都会有的心理，在任何时代、任何社会都有攀比心理存在。但攀比不能盲目，攀比不能陷入迷途。

对于孩子来说，当痴迷于在物质上跟别人比个高低的时候，就会失去远大抱负和崇高的理想，因而会变得麻木，看不到前途。可以说，盲目攀比是一把刺向心灵深处的利剑，对人对己毫无益处，对此，父母必须引起高度的重视。

### 1. 孩子盲目攀比的主要表现

孩子盲目攀比的情形主要有如下几个方面：

（1）炫耀自己的穿戴

关于盲目攀比、炫耀自己的穿戴，这一点在中小学生身上体现得更为明显。可能有很多人会认为，中小学生无外乎是穿些运动服、运动鞋之类的，那才能花掉多少钱啊？其实不然，虽然中小学生可能不会去买那些高档的服装，但是，如果真的讲起穿戴，可能会让很多人出乎意料。

很多中学生对于各种衣服的品牌说得头头是道。光知道还不算，同学之间比着看谁的衣服牌子更硬、谁的鞋子更贵。就拿学生穿得最多的运动服来说，现在已经有好多中学生开始有品牌意识了，不是名牌不穿，不是当红的明星代言的品牌衣服不穿。更有甚者，连国内的衣服也不穿了。

（2）炫耀自己的用品

对于中小学生来说，可能会将攀比的行为延伸至自己日常所用的物品。比如，书包、文具盒、钢笔，甚至小至橡皮也要比谁的更贵、更高级。

如果留心，我们会发现，有很多同学，他们为了不断地买到比其他同学更高级的橡皮，居然向家里人谎称橡皮丢了，所以要买新的。

在很多孩子的眼中，一块小小的橡皮是花不了多少钱的，所以他们会心安理得地去要求父母不断买新的。其实他们不知道，现在一块高级的橡皮也要好几块钱。再说，这也绝不单是钱的问题，由此开始，他们在不断地培养着自己撒谎的本领，慢慢养成了不诚实的品性，这会为他们的健康成长埋下重要隐患。

（3）炫耀生日排场

对绝大多数中小学生来说，举行一个奢华隆重的生日派对已经变成了每一年的一个重要节日。很多人早就不满足于那种只是家人或是最要好的朋友在一起简单地祝福一下的生日了，而是想出了各种各样的办法相互攀比着过生日。

有的孩子要父母掏钱请班里所有要好的朋友到饭店大吃一顿，还不能有父母在场，他们像成年人一样在饭店大吃大喝，开香槟、切巨大的蛋糕，场面隆重盛大。

而那些参加别人生日派对的同学也是相互比谁送的礼物更拿得出手，你送100块钱的礼，我就一定要送200块钱的。结果，大家的礼物一年比一年时尚，一年比一年昂贵。

有的小寿星还会趁此机会理直气壮地敲父母一笔，把所有平时被父母拒绝的要求都在这一天提出来，他们知道，这一天父母是不会让自己失望的。

（4）炫耀自家的汽车

现在很多人家里都买了家用小汽车。本来这只是一个交通工具，是为了让我们的生活更方便而已。小汽车本身与中小学生的身份地位是毫无关系的。可是现在，有很多中小学生开始把自己家的小汽车拿来作为攀比和炫耀的资本。

有些孩子看着别的同学的爸爸开着更高级更好的汽车就会心里不舒服，而那些家里有高级汽车的孩子也会经常以此为资本来炫耀："你看，你爸爸才开'夏利'，真丢人，我爸爸开'本田'！"更有甚者，还会有同学对别的同学说："我们家的车是'宝马'，撞坏了你们家赔不起，下次看到我们家的车，你家的'夏利'就赶紧让路知道吗？"

如果这样，孩子不仅会变成势利眼，还会因此大大影响与周围同学的关系，更严重的是会影响到孩子的价值取向，使其慢慢变成一切向钱看的人，这是最要不得的。

2. 改变孩子盲目攀比的方法

作为父母，要改变孩子的攀比心，不妨从以下几个方面入手：

（1）尝试采用反向攀比

孩子们在攀比的时候，最典型的理论就是"别人都有，所以我也应该有"。因此，别人买了新书包，我也应该有；别人买了名牌服装，我也应该有；别人有了新式玩具，我更应该有。

这时，无论父母如何解释，因为孩子的心理和行为往往受情绪控制，缺乏理智，不能理解人需要的满足是受一定条件限制的，因此很难一下说服。对这样的孩子，比较快速有效的办法是进行反攀比。比如，用孩子的长处去比别人的短处，用孩子进步的一面比别人退步的一面，用孩子有的东西比别人没有的东西等。

（2）改变孩子攀比的兴奋点

孩子有攀比的心理，说明孩子的内心有竞争的倾向或意识，想达到别人同样的水平或超越别人。

父母要抓住孩子这种上进心理，改变孩子攀比吃穿、消费的倾向，引导孩子在学习、才能、毅力、良好习惯方面进行攀比。比如，当孩子埋怨老师经常表扬某同学时，父母可以和孩子一起研究，列出这个同学的优点，让孩子暗中努力和同学比一比，看能否超过他。又如，当孩子和同学比穿着时，父母可以从穿着整洁美、颜色的搭配美等方面去改变攀比的兴奋点。

（3）要孩子纵向攀比

父母不妨多鼓励孩子自己和自己比。例如，让孩子今天和昨天比，这个月和上个月比，本学期和上一学期比。

在特殊的攀比中，孩子会经常看到自己的进步，原来不会的现在都会了，原来不认识的字现在都认识了，原来不懂的道理渐渐地懂了。这些比较都可以让孩子获得进步，自信心也会增强，并在欣赏自己的过程中努力超越他人。

## 温馨小提示

生活中的每一个人都不一样，每一个人的环境条件千差万别，每个人都有自己的生活轨迹，就像宇宙间的行星，每颗行星只能在自己的轨道上运行，和别人攀比，势必要踏入他的轨道，在你的轨道上，你永远也不能走他的轨迹。你要进入他的轨迹，要么，他把你撞得头破血流；要么，你永远步他的后尘。

就实质来说，造成我们盲目攀比和炫耀的一个重要原因就是虚荣心。虚荣心会导致我们去追求那些超过我们实际需要的华而不实的事物。所以克服虚荣心才能从思想上斩断盲目攀比炫耀的根源，这是十分必要的。

# 让孩子养成爱干净的习惯

干净整洁的形象不仅能够体现一个人的精神面貌，还会让人对自己充满自信。因此父母应首先明确这样一个道理：孩子不讲究卫生、不讲究仪表美，可不是一件小事情。若想让孩子养成良好的卫生习惯，父母就一定要严格执行卫生规则。

**1. 培养孩子干净整洁习惯的重要性**

孩子天生爱动，通常一会儿把叠好的衣服翻腾一遍，一会儿把摆放整齐的书籍弄乱，一会儿把身上的衣服弄得满是灰，一会儿又把自己搞得像花脸猫，只要不是吃饭睡觉，就总是忙忙碌碌的，你不知道他心里在想些什么、要做些什么。

这正是孩子的天性，家长是不能阻止他的，必须让他尽兴，累了他自己会去休息。父母就要跟在孩子后面，不断地把衣服、书籍整理好、脸蛋双手洗干净，不停地做孩子的奴隶。

不过，这只是从孩子年龄特点来谈论的，绝不是说父母希望孩子永远没有干净整洁的习惯。随着孩子的不断成长，渐渐懂事，父母就要注意培养孩子干净整洁的习惯，不能一味地让孩子"捣乱""脏兮兮"下去。

这是父母需要负的教育孩子的责任，是孩子养成良好的行为习惯不可或缺的。但这种培养并不是限制孩子动东西，而是在孩子弄乱了东西之后，和孩子一起把它整理好；在衣服或者脸蛋、双手弄脏之后，父母就要及时地告知孩子这样的后果：脏兮兮的细菌在身上容易生病。

不让孩子爱玩是不对的，但永远做孩子的奴隶，总是跟在孩子的后面收拾，也是不对的。比如，现在很多孩子甚至成年人，出门时打扮得干净利落、神采飞扬，可是家里却弄得像猪窝一样，就是没有受到很好的家庭教育的结果。

他们只会破坏，不会建设，或者说不屑于做这些事，以为总有别人替自己做，这种想法是错误的，因此说，很多事父母仅言传是不能教育好孩子的，更多是需要身教，在潜移默化中影响孩子的习惯。

所以，做父母的，尤其是年轻父母，必须注重培养孩子的干净整洁习惯。父母一味宠着惯着孩子并非是对孩子的爱，而要从孩子将来着想，把爱渗透到一点一滴地使孩子养成好习惯的过程中。不要小看让孩子刷牙以及饭前便后洗手的卫生行为，也不要小看了习惯性地收拾一下屋子，把几件衣服叠好，把几本书摆放整齐，这对培养孩子的自理能力，是非常重要的。

### 2. 培养孩子爱干净整洁的方法

孩子是否养成干净整洁的习惯，既影响他的身体健康，又影响他在孩子中的形象，影响孩子的自尊心。可以说，从小培养孩子干净整洁的良好习惯，能使孩子受益一生。对此，父母应着重注意如下几个方面：

（1）孩子有自己的专用用品

孩子应有专用的牙膏、牙刷、毛巾、面盆、茶杯、床铺及卧具等。要督促孩子自己使用，自己收拾。而且要告诉孩子打喷嚏时捂住嘴和鼻子，防止病菌传给别人。

（2）养成勤洗手的习惯

孩子只要能用手够着自来水管时，就可以在大人的照看下，让他在自来水管下自己将脸、耳后、颈部、手腕等处洗干净。要让孩子做到早晚洗手洗脸，饭前、便前、便后、放学回家和玩耍过后都洗手，或只要发现手脏了就随时清洗，以保持手的清洁，防止病菌随手入口。

（3）坚持早晚刷牙的习惯

孩子2岁时，就可以开始用凉白开漱口，3～4岁时让其饭后漱口，开始学刷牙，早晚各一次。一定要教会孩子正确的刷牙方式，同时告诉孩子睡觉前不吃糖果、饼干等，以保持口腔清洁。

（4）勤洗澡和勤剪指甲

大多数孩子都比较喜欢洗澡，孩子不习惯时，可先让其拍水，待熟悉后再下水。父母帮助其洗澡时，动作应轻柔、敏捷，三四岁的孩子应学会让其在洗时自己用毛巾或手擦前胸、胳膊、腿。睡觉前养成洗脚的习惯。

要给孩子勤理发，勤剪指甲。孩子头发以整洁、大方为宜。指甲长了，藏污纳垢，很不卫生，也容易抓伤皮肤，大些孩子父母应教会其自己修剪。

（5）要注意耳鼻的卫生

要教育孩子保护鼻道，不抠鼻孔，养成用鼻子呼吸的习惯，这样可以使吸入的空气经过鼻道时变得洁净、温暖和湿润，保护呼吸道和肺，使孩子免得疾病。同时，要教育孩子不挖耳朵，不将异物塞入耳内，洗脸洗澡时不把水弄进耳内，以免损伤鼓膜，引起中耳炎，影响孩子的听力。

### 温馨小提示

习惯的培养并非一蹴而就，要从日常生活的点滴小事做起，要长期培养，逐步形成。

一般来说，自小就能把衣服叠得整整齐齐的女孩子，往往会成为一个卫生习惯良好、仪表端庄的人。因此，家长一定要在女孩子还小的时候，就让她自己整理衣服，并给予适当的指导。比如，父母可让孩子先从小衣服叠起，如短衣、内衣、孩子自己的衣服等；熟练后再教孩子叠一些大衣服和厚衣服，如孩子的棉毛衫、妈妈的上衣、长裤等。在这个过程中，父母要教给孩子一些技巧，如怎样才能把裤子叠得不出褶、怎样才能把衬衫叠得更平整等。

# 培养孩子与人合作的习惯

合作是现代社会生活的最基本要求，也是现代社会人们必须具备的一个重要能力。现代社会只有在人与人相互合作之下，才能正常有序地运转，个人也才能更好地获得成功。

所以培养孩子与人合作的习惯，是引导孩子健康成长的重要内容。

### 1. 与人合作是孩子的一堂必修课

每个人的能力都是有限的，学会与人合作，可以整合资源，取人之长，补己之短，达到自己原本达不到的目的。

每个人成功的道路各不相同，但是总有一些共同之处，杰出者大多是善于与他人合作的人，团结协作是许多成功人士的共同特征。在现代社会中，只有懂得合作的人，才能获得生存空间；只有善于合作的人，才能赢得发展机会。

培养孩子与人合作的习惯，必须让孩子明白：第一，合作就是每个人都向同一方向努力；第二，诚信是合作的立足点；第三，理解是合作的基础；第四，宽容是合作的黏合剂。

一个懂得合作的孩子，成年后会很快适应社会并发挥积极作用，而不懂合作的孩子在生活中将会遇到很多麻烦和挫折。懂得合作、善于合作、乐意合作的孩子往往都拥有良好人际关系，在各种场合都能与他人和睦相处。

难怪美国著名教育家卡耐基强调，一个人事业上的成功，只有15%是由于他的专业技术，而85%是靠人际合作的能力。美国成功学研究专家罗宾说："在我看来，人生中最大的财富便是善于合作。"当今社会，善于与他人合作共事的能力，是最有价值的个人无形资产。合作的力量总是大于每个部分的总和。由此可见，让孩子学会与人合作是一门重要的必修课。

**2. 培养孩子与人合作的方法**

在日常生活中，有很多事仅凭个人的力量是无法做到的，它必须要靠两个或两个以上的人合作才能达成。父母可以充分利用这样的机会让孩子从中体会到无法完成的挫败感，从而懂得与人合作的重要性。

（1）让孩子认识合作的重要性

有一位小学老师为了让自己的学生对合作有更进一步的了解，在上课时先请一位同学走上讲台，并让他伸出自己的手，分别谈一下每根手指头的优势和长处。

这位学生说道："大拇指可以用来赞扬别人，食指可以用来指示事物,小指可以用来勾东西,中指可以……"还没等这位学生说完,台下的学生就纷纷帮他说了许多每个手指的其他优势。

老师听了之后笑着从她的包里拿出一只玻璃杯,只见玻璃杯里面有几个玻璃球。老师对大家说:"大家回答得都非常好,下面我们来玩个游戏,你们把玻璃球从玻璃杯里取出来,每个同学都有一次机会。你们可以用你们认为最有本事的那个手指把玻璃球从杯子里取出来!但是有一点要记得——只能用一根手指。"

孩子们的热情都被老师鼓舞起来了,教室里的气氛变得异常热烈。每个同学都认真地走上去,用他们的手指去取玻璃球,但是,不管他们怎么努力,玻璃球就是取不出来。

为此,孩子们都很着急。这时,老师笑眯眯地对孩子们说:"大家不用急,现在你们可以试着邀请另外一个手指与原来那个手指合作,一起来取玻璃球。"这次,孩子们都面露喜色地把玻璃球取了出来。

游戏结束之后,老师对孩子们说:"从这个游戏当中大家应该都明白了,一个人就算有再大的才能,他也有无法独立完成的事情,可见,人与人的合作是多么地重要。"

父母在日常生活中也可以跟孩子玩一些类似的游戏。比如,家里的柜子需要挪动时,父母不要帮忙让孩子一个人先来试试,孩子肯定是搬不动的,这时,父母再和孩子一块儿将柜子移开,这期间就可以适时对孩子讲解与人合作的重要性。

再如,孩子想玩游戏时,先不要与他配合,让他一个人玩,等他体验到一个人玩得无趣,希望有人与自己一起玩时再加入。如此一来也可以让孩子体验到与人合作的重要性。

父母应该充分利用生活当中的一切机会让孩子领悟到合作的重要性。

（2）让孩子在合作中体验乐趣

成功的合作可以为孩子带来良好的体验，这种体验能够让孩子产生无穷的乐趣，进而促进孩子的合作意识和合作行为。

有一位老师在讲到"合作与竞争"时，让学生们做了一个小游戏。老师在讲台上放了3个啤酒瓶，每个酒瓶里面放入两个比瓶口略小的玻璃球，这两个玻璃球都是用绳子拴住的。

之后，这位老师请了6名同学来共同玩这个游戏。这6名同学被分成了3组，每两人为一组。游戏规则是：6个人分别抓住一条绳子，当老师喊开始的时候，都必须在3秒钟内以最快的速度将玻璃球拉出来。

老师喊了"开始"后，3个组同学都开始了行动，但是，3组的结果却是不一样的。

第一组的两名同学当听到老师喊"开始"的时候都想第一个拉出玻璃球，两人都拼命拉绳子，结果，绳子被拉断了，两个玻璃球还是在酒瓶中。

第二组的两名同学虽然也想自己在第一时间内拉出玻璃球，但是，他们不如第一组的同学那样使劲，结果，两人没有把玻璃球拉出来，却把酒瓶子拉起来了。

第三组的两名同学是唯一在规定时间内完成游戏的，他们一前一后地把两个玻璃球拉出了酒瓶。老师问他们为什么会成功。

其中的一位同学回答说："玻璃球只比瓶口小一点点，如果我们两个人都在同一时间用力拉，肯定都会卡在瓶口出不来。所以我想让他先把玻璃球拉出来，然后我再拉，这样我们都可以在规定时间内顺利地把玻璃球拉出来。"

这名同学深刻地体会到了合作的重要性，并在游戏中体验到了合作的乐趣，在以后的生活中，他必然会更加注意与人合作。

在生活中，父母可以多为孩子设置一些合作竞赛，让孩子们通过合作去完成任务，去体会成功的愉悦。

（3）教孩子在合作中竞争，在竞争中合作

人与人之间的合作与竞争是并存的。有很多父母总是教自己的孩子要勇于与人竞争，希望自己的孩子能够超越他人。确实，竞争具有一种无形的力量，它不但可以调动孩子的积极性，还可以激发孩子的上进心。

> 林林的学习成绩一直都不太好，有一次居然考了个全班倒数第一。他的爸爸这才意识到林林缺乏竞争精神，于是对他说："失败是成功之母，现在你已经是最后一名了，你再也不会退步，而是只会进步了。只要你找一个竞争对手，你就能慢慢赶上去。"
>
> 然后，林林爸爸叫他找一个比自己的学习成绩稍微好一点的同学作为竞争对手，并努力去赶超他。于是林林就找了一个竞争对手，并开始暗暗努力，没过多久成绩就超过了这位竞争对手。
>
> 在林林成功后，爸爸又叫他找一个学习成绩更好一些的竞争对手，这样，林林又开始了暗暗努力，结果也成功了。后来，林林就在不断竞争的过程中取得了意想不到的优异成绩。

一项问卷调查显示，家长最关心、最注重的是孩子的学习成绩，最高兴的是孩子在班级中学习成绩名列前茅。这种片面强调智力竞争，忽视合作精神培养的现象是很有害的。其实，对孩子而言不管是竞争还是合作，都是非常重要的。如果孩子不懂得与人合作，将严重影响到他将来的发展。

美国的谈判高手斯腾伯格认为,只要你有合作的精神,对手往往可以成为朋友。他总结自己的经验,认为化敌为友的方法主要有:

一是与分享自己价值观的人密切合作;二是尽可能多地向对手学习;三是营造一个合作的气氛;四是在面对威胁时,不畏惧;五是学会聆听,习惯于沉默,避免妥协折中;六是绝对不要将一个看来要失败的争论推向极端;七是发展关系,而不是征服。

作为父母,要教育孩子在竞争的过程中摆正心态,要保持良性的竞争。竞争目的主要在于实现目标,而不在于反对其他竞争的同学。

父母要让孩子明白,只能把其他同学作为学习上的竞争对手,在生活上要作为合作伙伴,千万不能一味地把他人当成竞争对手和敌人,不顾一切地与他人对立。要让孩子知道这种思想是不健康的。

父母要教孩子一些与人合作的技巧,让孩子养成与人合作的习惯,要教育孩子有集体荣誉感,要学会在关键时刻约束个人的行为,牺牲个人的利益来完成集体的利益。如果孩子没有这种意识或者精神,是很难养成与人合作的习惯的。

## 温馨小提示

人与人之间的合作与竞争是并存的。作为父母,要教育孩子端正竞争心理。竞争目的主要在于实现目标,而不在于反对其他竞争的同学。

父母要教孩子将其他同学作为学习上的竞争对手,生活上的合作伙伴,万万不可一味地将他人当作自己的竞争对手和敌人,不顾一切地对立他人。这是一种不健康的心理。

# 第五章　培养孩子情商的心绪丝缕

情商，是指人在情绪、情感、意志、抗挫折等方面的品质。

随着未来社会的多元化和融合度日益提高，较高的情商将有助于一个人获得成功。

现在很多数父母过多地重视孩子的智商发展，而忽略了孩子的情商发展，其实早期的情商教育尤为重要，这是心理上的一种塑造，如果一个孩子从小性格孤僻、不易合作；自卑、脆弱，不能面对挫折；急躁、固执、自负，情绪不稳定，那么他智商再高，也很难取得成就。从这种意义上讲，情商比智商更加重要。

因此，父母注重对孩子情商的早期培养对孩子的成长有着重大的意义。

## 情商比智商更重要

智商,即人的智力发展水平,通常用智力商数来表示。智商反映了一个人的观察力、记忆力、思维力、想象力、创造力等。

情商,即认识管理自己情绪和处理人际关系的能力,通常用情绪商数来表示。情商涵盖了一个人的自制力、热情、毅力、自我驱动力等。

智商是前提,情商是保证,两者的关系相辅相成,缺一不可;两者相比,情商比智商更为重要。弘扬个性、发展能力是素质教育的目标,但这一切都缘于心理素质的提高。为此,父母应善于提高孩子的情商水平,使孩子树立良好的价值观和人生观,以增强其心理适应能力。

### 1. 培养情商应从小开始

简明而言,情商,是指人在情绪、情感、意志、抗挫折等方面的品质,即指一个人控制情绪、管理情绪的能力。美国心理学家认为,情商主要包括以下几个方面的内容:

一是认识自身的情绪,只有认识自己,才能成为自己生活的主宰。

二是能妥善管理自己的情绪,即能调控自己。

三是自我激励,它能够使人走出生命中的低潮,重新出发。

四是认知他人的情绪,这是与他人正常交往,实现顺利沟通的基础。

五是人际关系的管理,即领导和管理能力。

心理学家还认为,一个人是否具有较高的情商,和童年时期的教育培养有着密切的关系。

一般来说,情商形成于婴幼儿时期,成型于儿童和青少年阶段,它主要是在后天的人际互动中培养起来的。青春期是一个人的黄金时代,因为这是一个人走向成人的一个过渡时期。在这个时期,其学习和发展任务是非常重要的。

但是,中学生面临着生理、心理上的急剧变化,还有学业上的巨大压力,这些,都会使现代中学生造成心理失衡和复杂的心理矛盾,甚至产生种种不良的后果。

一份覆盖22个城市的调查报告显示,在我国中学生中有各种心理问题者占15%～20%,表现形式以亲子矛盾、伙伴关系紧张、厌学和学习困难、考试焦虑等现象为多。这些问题的发生大多与学生的自我控制能力有关,多是缘于其心中时常涌出的各种非理性情绪。因此,培养情商应从小开始。

**2. 要认识到情商重于智商**

以往认为,一个人能否在一生中取得成就,智力水平是第一重要的,即智商越高,取得成就的可能性就越大。但现在心理学家普遍认为,情商水平的高低对一个人能否取得成功有着重大的影响作用,甚至其作用超过智力水平。

在人们对智商和情商的研究中,得到两个数字,一个人的成功,智商占20%,情商占80%。智商与情商巨大的差别,使人们认为,既然情商那么重要,我们就专门培养情商。

而事实上，真正成功的人，他们是智商和情商结合的典范，这是为什么呢？单纯的高智商不一定成功，单纯的高情商也不一定成功，但是高情商和高智商的结合一定会成功，这又是什么道理呢？

情商现在对人们来说已不是一个陌生的概念，对于情商，微软公司前副总裁李开复博士认为要善于与人交流，富有自觉心和同理心。自觉心就是人们常说的"有自知之明"，对自己的素质、潜能、特长、缺陷、经验等有一个清醒的认识，对自己在社会工作、生活中可能扮演的角色有一个明确的定位。

而同理心，就是将心比心。那么情商意味着，有足够的勇气面对挑战，有足够的度量接受挑战，有足够的智慧来认清自己该做些什么，以及对自己的行为负责。家庭教育应抓住教育契机，提升孩子的情商。

因为人的情商因素性格、意志、情感、社交与智商因素记忆、观察、想象、思考、判断，存在着既对应又交叉的影响力。情商因素就像太阳光的赤橙黄绿青蓝紫，智商因素就像禾苗的氢氧氮磷钾氯氨。在人的成长过程中，如果没有良好的性格、意志、情感、社交的修养和能力，想有良好的记忆、观察、想象、思考和判断的能力是不可能的。离开了情商因素，智商因素就成了无源之水。

### 3. 帮助孩子提高情商的方法

为了提高孩子的情商，心理学家提出了以下几点建议：

（1）经常表达爱意

身体接触和眼神交流都有助于提高孩子的情绪智力。在玩耍、吃饭和交谈当中经常表达出爱意，可以培养孩子的健康情绪。

（2）帮助孩子表达情感

帮助孩子了解和认识各种情绪表达也很重要。很多时候孩子是因为不懂得如何控制情感才表现为愤怒。

（3）引导孩子自己做决定

独立是情商中最重要的方面，只有让他们从小学会自己拿主意，才能培养出独立的性格。

（4）帮助孩子控制情绪

允许孩子说出自己的愤怒，而不是告诫他们"不要生气"。此外，询问他们生气的原因，对帮助他们控制情绪也很重要。切记不要在孩子愤怒时试图压抑他们的情绪。

（5）肯定孩子取得的成绩

对孩子的智力永远要予以肯定，避免贬低他们的作为，否则会让孩子对失败失去接受能力。当孩子遇到挫折时教会他们积极应对和克服负面情绪。

（6）不要溺爱孩子

父母要避免说"这事你干不了，我来替你吧"这样的话，这会伤害孩子的自信心，失去对自身的安全感。

孩子作为一个发展性的个体来到世界上，他所要求的发展应该是合理、全方位的，而不是畸形、单一的。在发展孩子智商的同时，更应该注重孩子情商的发展，这样才能塑造出一个对家庭、对社会有用的现代社会型人才。

## 温馨小提示

人与人之间的情商并无明显的先天差别，更多与后天的培养有关。一个情商高的孩子，懂得自动自发，自动做事、自动读书、自动做功课。因此，就算他们的智商不比别人高，但成绩也可以比别人好。所以，情的价值是无量的。

智商与情商并不是对立和相反的。它们之间具有密切联系，甚至是相互渗透的。我们既找不到脱离智商的情商，也找不到脱离情商的单纯的智商。

## 引导孩子多与他人交往

心理学家认为，高情商者善于洞察并理解别人的心态，设身处地为别人着想，领悟对方的感受，平等客观地对待别人，他们善解人意，与人为善，成人之美。

这种人善于人际沟通与合作，人际关系和谐融洽，有着良好的人际关系，在复杂的人际环境中游刃有余，自然也就容易获得成功。

### 1. 认识与他人交往的重要性

孩子正处在一个接受知识、了解认识社会、探索理解人生和事业的发展阶段，与同龄人之间的接触交往并建立友谊是一种正常的心理需要。

在这期间如果总是封闭自己、不爱与人交往、在同龄人之间的人缘不好，就会影响孩子的交往能力，使孩子无法适应复杂多变的社会，甚至，会让孩子形成孤僻、抑郁、偏执等心理障碍。所以，鼓励孩子多与人交往具有重要的积极意义。

每个孩子都会期盼有一些在思想、学习上以及生活中志同道合的朋友，能够经常从朋友那里获得鼓励、信任和支持。

在与周围的人相处时，朋友的肯定态度总是多于否定的态度，孩子们就会感到与他人有一种休戚相关、安危与共的情感，并愿意为了他人而牺牲自己的利益，这是一种自我发展的需要。因此，父母在教育孩子的过程中对于与他人交往的问题要给予足够的重视,并对其加以正确的引导。

**2. 引导孩子与他人交往的方法**

研究表明,一个人的成功,在德才一定的情况下,30%取决于机遇,70%取决于人际关系。

(1)让孩子养成一种乐观的性格

开朗乐观的孩子总是比较受欢迎,因此要想养成善于与人交往的习惯,父母首先要让孩子摆脱自卑。自卑会使孩子感到孤独和压抑,在人际交往中缺少自信,从而产生退缩、逃避的行为。父母要告诉孩子,要树立信心,让自己成为一个受欢迎的人。

乐观首先要保持一个良好的心态,父母在平时教育孩子时要让其发现事物好的一面,凡事多往好的方面想,不要总想着不好的;其次,教孩子笑脸迎人,出门之前整理好自己的仪容仪表,带着愉快的心情去学校。这些都有助于孩子自信地面对同学、与同学交往。

父母要引导孩子多参与集体活动,让自己融入集体生活中,在集体活动中做一些自己能做的事情,加强与同学的交往,增加同学对自己的好感和信任。在集体活动中,应教育孩子多干事情,少指挥人。如果自己总是不做事,却喜欢指挥别人,那么同学就会对他产生反感,直到讨厌与他交往。因此,父母还要教育孩子在集体活动中尊重他人,当他人遇到困难时,主动提供帮助,这样才能让自己的人际交往面更宽广。

(2)邀请小伙伴来家玩

父母要支持并鼓励孩子带自己的小伙伴回家,还要帮助孩子热心地招待他的小伙伴,提高孩子在朋友心目中的形象。父母的热心会让孩子的同学和朋友增加对孩子的好感,从而愿意与孩子保持良好的朋友关系。父母也可以邀请邻居家的孩子到自己家来玩,让孩子在与他人的交往中增加信心，学习人际交往的方法。

北京有所学校做过一个叫"一日营"的活动，让五六个孩子到其中一个孩子家里去共同生活一天。这个活动十分受欢迎，不仅孩子们非常喜欢，父母也非常乐意。孩子们对去同学家住都感到既新奇又兴奋，感觉同学家的东西什么都很新鲜。

他们会与自己的伙伴共同学习、玩耍、买菜、做饭，还会抢着打扫卫生。在这个过程当中，孩子们的身心得到了愉悦和放松，与人交往的能力也得到了锻炼。

让孩子单独到朋友或邻居家去串门，也是一个锻炼孩子交际能力的机会。串门做客，牵涉到寒暄、问候、交谈和有关礼物等的问题。孩子一个人去就成了主角，与对方的一切接触都得由自己来应酬，这无疑把孩子推到了前线，促使其考虑如何交际。

如果家里来了客人，不妨试着让孩子出面接待，特别是当客人或朋友与孩子年龄相仿时，父母千万不要包办代替。

（3）传授与同学交往的技巧

随着时代的发展，现在的孩子非常讲究个性，要想与之保持良好的关系也需要一定的技巧。父母可以教给孩子一些交往的技巧，帮助孩子得到同学的友谊。这些交往技巧有：

①教育孩子使用礼貌用语，如"谢谢""再见""对不起""没关系"等，不对别人说粗话、做不礼貌的动作。

②教育孩子要主动和同学打招呼问好，帮助其打开友谊的大门。

③教育孩子在与同学的交往中，宽容同学的缺点和过错，不为区区小事而斤斤计较。

④教育孩子与人交往时要注重给予，而不想着回报。

⑤教育孩子懂得不无故打断他人的讲话，要认真听他人说话，不要心不在焉或只顾做自己的事情。

⑥教育孩子不在背后议论他人，也不打听别人的秘密和隐私。

⑦教育孩子真心诚意待人，讲信用，不欺骗说谎。

⑧教育孩子不用捉弄、嘲笑的方式来吸引别人注意，这样反而引起别人的反感。

⑨教育孩子在与同学的交往中，善于发现别人的优点和长处，多赞美别人，不因为自己的某些特长而处处炫耀自己。

⑩教育孩子与他人说话，尽量讲一些两人都感兴趣的话题，不要独自一人说个不停而不考虑他人的感受。

这些交往技巧能够帮助孩子在与人交往中获得他人的好感。

### 温馨小提示

孩子是否善于与他人交往，在群体中的人际关系如何，对他今后的学习和人生发展有着很大的影响。因此，父母要重视培养孩子与人交往的习惯。

一个成功者，专业知识所起的作用是15%，而交际能力却占85%。人际关系的和谐，交往本领的高强，是未来社会判断成功者的重要标准。

## 挫折教育是孩子的一门必修课

当今的孩子大都是在万千宠爱中成长的，父母过多过细的照顾保护，造成孩子依赖性强，自觉性和独立性差。从孩子发展的需要来看：生活中，挫折无处不在，可以说挫折伴随着孩子成长的每一步。

有意识地让孩子受点苦和累、受点挫折，尝试一些生活的磨难，使孩子明白人人都可能遇到困难和挫折，有利于孩子敢于面对困难，正视挫折，并提高克服困难的能力。这对于孩子的健康成长有着十分深远的意义。

### 1. 对孩子进行挫折教育

挫折是一种客观事实，但是因为遭受挫折而引发不同的感受则是每个人心理的主观体验。也就是说，同样都是遭受挫折，但是不同的人会有不同的感受，产生不同的情绪，采取不同的行动，造成不同的结果。

一般而言，易受挫折的孩子往往追求的目标不切实际，对追求目标过程中可能遇到的困难缺乏心理准备，缺乏应对困难的能力，夸大困难、缺乏自信等。我们要给孩子一些能量，一些面对挫折、打击能够自己调适、奋起，不断积极地寻找幸福的内心的能量。否则，很少遭受挫折的孩子长大后会因不适应激烈竞争和复杂多变的社会而深感痛苦。

挫折教育不仅包括吃苦教育，还包括生存教育、心理教育，旨在提高孩子对挫折的心理承受力，其核心是培养孩子一种内在的自信和乐观。因此，挫折教育关乎孩子的终生幸福。

### 2. 对孩子进行挫折教育的方法

有些父母误以为，如果对孩子进行挫折教育，孩子会因此而吃很多苦，其实不然。真正的挫折教育，是在正确的教育思想指导下，依据孩子身心发展和教育的需要，创造或者利用某种情景，提出某种难题，让孩子通过动脑动手，来解决矛盾，使他们逐步具备应对困难的承受力和对环境的适应力，从而培养出一种敢于迎难而上的坚强意志。

如果孩子没有经受挫折，便很难应对挫折，很容易向挫折低头，那么应怎样对孩子进行挫折教育呢？

（1）引导孩子正确认识挫折

在孩子生活中有不同的活动，当孩子面临困难时，我们应该让他直观地了解事物发展的过程，在反复体验中逐步认识到挫折的普遍性和客观性，从而真切地感受到要做任何事情都会遇到困难，成功的喜悦恰恰来自问题的解决。

只有让孩子在克服困难中感受挫折、认识挫折，才能培养出他们不怕挫折、敢于面对挫折的能力。

（2）提高孩子的挫折承受力

在孩子的生活、学习活动中，我们可以随机利用现实情景，或模拟日常生活中出现的难题，让孩子开动脑筋，根据已有的生活经验，经过自己的努力克服困难、完成任务。

孩子在经历了由不会到会、由别人帮助到自己干的过程后，心理上会得到一种满足，同时，也锻炼了他们的自理能力。成人还可以创设一些情境，如把孩子喜爱的玩具藏起来让孩子寻找，让孩子到黑暗的地方取东西等。但是，在创设和利用困难情景的时候，要注意几个问题：

①必须注意适度和适量。设置的情景要能引起孩子的挫折感，但不能太强，应该循序渐进，逐步增加难度；同时，孩子一次面临的难题不能太多，否则，过度的挫折会损伤孩子的自信心和积极性，使其产生严重的受挫感，从而失去探索的信心。

②在孩子遇到困难而退缩时，要鼓励孩子，在孩子做出努力并取得成绩时，要及时肯定，让孩子体验成功，从而更有信心去面对新的困难。

③对陷入严重挫折的孩子，要及时进行疏导，防止孩子因受挫折而产生失望、冷淡等不良心理反应，在必要时可帮助孩子一步步实现目标。

（3）增强孩子的抗挫折能力

在日常生活中，向孩子讲述一些名人在挫折中成长并获得成功的事例，让孩子以这些名人为榜样，从而不畏挫折。

在幼小孩子的眼中，父母的形象非常高大，无所不能，他们对待挫折的态度和行为会潜移默化地影响孩子的态度和行为。所以，父母要以良好的行为树立榜样，增强孩子抗挫折的能力。

（4）改变孩子的受挫意识

孩子只有不断得到鼓励，才能在困难面前淡化和改变受挫意识，获得安全感和自信心。父母要多鼓励孩子做自己力所能及的事，一旦进步，要立即予以表扬，强化其行为，并随时给予肯定和鼓励。父母的鼓励和肯定既能使孩子的受挫意识得以改变，又能提高他们继续尝试的勇气和信心。

对孩子进行挫折教育是父母的重要课题。对此，父母一定要注意，不能对孩子提出过高的要求，要根据孩子的年龄特点和兴趣进行培养，否则，孩子在压力面前会产生强烈的挫折感。

孩子经常笼罩在这种挫折感中，会损害他们心理的健康发展。总之，在孩子发展的过程中，没有挫折不行，挫折过多、过大也不行，所以要正确引导，使孩子能正视并战胜挫折、健康发展。

## 温馨小提示

数学家陈景润说："攀登科学高峰，就像登山运动员攀登珠穆朗玛峰一样，要克服无数艰难险阻，懦夫和懒汉是不可能享受到胜利的喜悦和幸福的。"一位著名教育家也说过："如果孩子的生命是一把披荆斩棘的刀，那么挫折就是一块不可缺少的'砥石'，为了使孩子生命的'刀'更锋利些，应该坚决摆脱'过分保护'的教育方式。"因此，父母一定要鼓励孩子勇敢地面对挫折、不怕挫折、克服困难，做生活的强者。

# 鼓励孩子正确面对失败

人的一生不可能是一帆风顺的，会经历很多的失败。因此，我们父母应教育孩子正确地看待失败，树立正确的成败观。要让孩子懂得，失败不可怕，可怕的是被失败击倒，只有在失败面前鼓足勇气和信心才会成功。

同时，父母应允许孩子失败，并在失败中帮助孩子总结经验教训，鼓励孩子在失败中奋起。让孩子在失败中成长，在失败中进步，在失败中咀嚼人生。

### 1. 鼓励孩子勇于接受失败

人生的道路并非一帆风顺，而是崎岖、充满波折和困难的，人的一生也许要经历无数次的失败。如何正确面对失败，这是每个人必须经历的。身为父母，要教育孩子不但要有勇气去接受失败，而且要把它作为走向成功的财富，这也是每一个生活强者的必经之路。父母应帮助小孩顺利渡过失败的难关，从各方面锻炼孩子战胜困难的能力。

小强是个个性好强的孩子，上小学时，总是班里的第一名。

但是，进入初中后，优秀的孩子越来越多。一次期中考试，小强的排名是班级第三，这让小强非常不好受，他无法接受这个事实。

小强的妈妈不理解儿子，反而说："以前都是考第一的，这次考了个第三，你退步太大了！"这让小强一下子对自己失去了信心……

孩子面对的失败有考试没考好、落榜等。这时孩子会情绪低落，郁郁寡欢。这种时候，父母应耐心询问孩子的情况，心平气静地听孩子诉说，对孩子的心情表示理解，在稳定孩子情绪的基础上再提出合理化建议，帮助孩子走出情绪的低谷。

当孩子遭遇失败时，父母千万不要对孩子讲："把事情都弄糟了，你怎么搞的？""你都忘了应该怎么做了，是猪脑子？""早知如此，不如当初不要你！""你根本就不是学习的料！"

如果孩子经常处于这些话语的反复"暗示"下，往往会接受这种错误判断，从而将这些错误判断作为自我评价的一个部分，长此下去，必定会形成怯懦、自卑、害怕挑战的心理，认为自己什么都不行。当孩子对自己的评价过低时，就会失去战胜困难的勇气和动力，如果遭到失败，有可能会一蹶不振，最终可能会一事无成。

父母应该鼓励孩子正确面对失败，帮助孩子具体分析失败的原因，并帮助孩子从失败中走出来，继续面对生活和学习中的各种困难。

### 2. 帮助孩子走出失败的阴影

为了帮助孩子走出失败的阴影，父母应做好以下几个方面的工作：

（1）培养孩子正确对待失败的态度

当孩子遭遇失败时，他们常会产生消极情绪，对周围的人和事物的态度易受情绪因素的影响，不能以正确的态度对待失败，常常表现出逃避、退却、畏缩、依赖等消极行为。

此时应告诉孩子："别灰心丧气，只要你努力，一定能做好的。从失败中吸取教训，化悲痛为力量，多想想以后怎么做。"孩子对父母的态度十分敏感，更希望得到父母的帮助。父母要告诉孩子，父母关心并理解他，但是战胜困难却要靠他自己。

（2）帮助孩子找出失败的原因

造成失败的原因是多种多样的，父母要结合具体情况，与孩子一道分析、寻找失败的原因，使孩子懂得方法不对头、努力不够、条件不足等都可引起失败。

始终要注意保护孩子的自信心，使他不自卑，不失望，不放弃，继续努力。

（3）要多给予孩子肯定和鼓励

切忌对孩子进行消极、否定的评价。多给孩子积极、肯定的评价，可对他说："你一直都在努力，只要再加把劲，你一定会获得好成绩。"既肯定了他的失败，也给他提供了动力，指出了今后努力的方向。尽量鼓励孩子尝试着自己独立解决问题。

（4）锻炼孩子战胜失败的毅力

学习是个积累经验的漫长过程，能力的提高需要一定的时间。孩子需要时间去理解、观察、掌握知识，也需要时间去练习、巩固知识和能力。父母和教师要为孩子提供各种机会，给他们充足的时间，让他们从各个方面锻炼战胜困难的能力和毅力，成为生活中的强者，走向成功。

## 温馨小提示

谁都会面对人生中无数的成功与失败，我们需要做的是如何正确面对成功与失败。在失败向我们走来的时候，我们要做的就是勇敢面对，并在不断的总结中战胜失败、超越失败。

人生的路上，有平原、小溪，更有高山、大河；有灿烂的阳光，更有风风雨雨，只有那些勇敢面对的人，才能像暴风雨中的海燕，潇洒地掠过海面。

# 帮孩子给坚强的意志淬火

坚强是一个人一生中必不可少的精神支柱。学会坚强，你会在激烈的竞争中站得更稳。学会坚强，你才能从困难和挫折中走出来。学会坚强，在你痛苦绝望时才能给你增添生活的勇气。

目前，有很多青少年朋友的心理很脆弱，经不起一点挫折和打击，承受能力偏差。

让孩子学会坚强，在生活中是非常重要的。因为，苦难是人生最大的财富，不幸和挫折可能会使人沉沦，也可能造就成一个人坚强的意志，并成就一个人辉煌的人生。

### 1. 锻炼孩子做事的坚强意志

苦难是人生的良师，艰难困苦是磨炼人格的最好学校。就像古人说的："天将降大任于斯人也，必先苦其心志，劳其筋骨，饿其体肤，空乏其身。"

现代的青少年朋友都是生活在一个物质丰富的年代，不知道什么是贫穷和艰难。对此父母应加强对孩子坚强意志的教育，因为只有意志坚强的孩子才会勇敢地与困难做斗争，从而打开成功之门。

我国著名的生物学家童第周，出生在浙江省的一个偏僻的小山村里。由于从小他的家境贫困上不起学，所以，他一直跟着父亲学习文化知识，直到17岁那年才进入学校的大门。

在上中学时，由于他自身的基础差，因此，学业十分吃力，第一次考试他的平均成绩只有50分。由于他的成绩较差学校命令其退学或留级。然而，他诚恳地再三请求，最后校长同意他再跟班试读一学期，如果成绩还是那么差就自动退学。

此后，他就为这来之不易的机会而奋力学习。于是，他常常与路灯相伴，五更时他就起来在路灯下读书；有时，晚上寝室灯熄后，他就来路灯下复习功课。终于，"功夫不负有心人"，在期末考试时，他的平均成绩达到了75分，数学还得了100分。因此，他被批准继续上学。

后来，他凭着自己坚强的意志，刻苦钻研、勤奋好学，取得了卓越的成就。

从童第周的例子可以看出来，具有坚强的意志对一个人来说是多么的重要。如果他没有坚强的意志，他就会被迫退学。所以，就家庭教育来说，培养孩子坚强的意志对于他人生的成长具有相当重要的作用。

父母应教育孩子使他们懂得，在成长的道路上，需要克服许多困难，抵制许多诱惑，放弃许多享受，做到这些都需要坚强意志的支持。因为，坚强的意志和一个人受到的磨难是分不开的。

**2．让孩子学会坚强**

只有经受住生活的考验和磨砺，才能拥有坚强的意志和顽强的毅力，才会在困难和挫折中表现得镇定自若、永不退缩。克服困难的过程就是意志活动的过程，因此，坚强的意志就是在不断克服困难的过程中锻炼出来的。让孩子学会坚强可从以下几个方面做起：

（1）做到持之以恒

让孩子学会坚强就要先让他们学会摆脱世俗的困扰。从小事做起、持之以恒，在一定的条件下，要正确取舍、认真做事，才能不负少年心。

（2）认真面对失败

爱迪生说过："失败是我需要的，它和成功一样有很大的价值。"对此，父母要教育孩子，在享受成功的同时也要品尝失败的滋味。

因为在人生道路上不可能是一帆风顺的，总会有许多的坎坷和困难。只有懂得认真地面对失败，才能具备坚强的意志力，才能克服前进道路上的种种困难。

（3）善于克制自己

培养孩子坚强的意志，还需要让孩子学会善于管理自己的情绪。让他们把自己的日常行为做个计划，然后，根据计划来管理或约束自己的不良行为，从而达到培养坚强意志的目的。

（4）在艰苦中锻炼人

著名的思想家卢梭曾说："如果人害怕痛苦，害怕疾病，害怕不测的事情，害怕生命的危险，那么，他就会什么也不能忍受。"一个人的道德意志与品格是完全一致的，道德意志越强大品格的形成就越快。

因此，坚强的意志是与克服困难相联系的。艰难、困苦和不幸是生活中真正的磨刀石，它是力量、纪律和美德的最好源泉。

## 温馨小提示

要学会坚强就应该练就能承重的心灵，让它变得恬淡自然，不以物喜，不以己悲。永远保持一份快乐的心态，把生活中的所有困难都看成一种历练。风雨愈加猛烈，个性愈加坚强。

调整好心态，坚强才是真实的，学会了隐忍，坚强才是有力的，相信经过了生活的磨砺，坚强会如影随行。

# 让孩子学会控制情绪

心理学家认为,凡情商较高者皆善于控制自己的情绪,任何时候都能做到头脑冷静,行为理智,抑制感情的冲动,克制急切的欲望。及时化解和排除自己的不良情绪,使自己始终保持良好的心境,从而保持心理健康。

对此,父母要教育孩子学会控制情绪,这对他们未来的人生无疑十分重要。

1. 保持乐观向上心境的重要性

控制情绪的能力是情商的重要内涵之一,这种能力可以及时摆脱消极情绪,保持乐观向上的心境。幼儿时期是情绪智力的黄金发展期,帮助孩子形成初步的情绪调控能力是对孩子进行情商教育的目标之一,也是对孩子情感教育的重要内容。

一般来说,脾气是天生的,不管是孩子,还是年过花甲的老人,无一例外都会有自己的脾气。但是,每个人都应学会控制自己的情绪,如果不会控制自己的坏脾气,那么在人生道路上便会多出很多麻烦,就会伤害朋友,破坏感情,甚至更糟。教育专家建议,父母应教育孩子从小就要学会控制自己的情绪。

美国前总统艾森豪威尔在10岁时发生了一件让他记忆一辈子的事情。那一年,他父母让他的两个哥哥在圣诞节前去远足,却说什么也不同意他去。

艾森豪威尔感到十分愤怒，他冲出屋外，捏紧拳头在苹果树上猛击。他一面哭一面打，双拳血肉模糊都没感觉到。任何人的劝说，他都听不进去。最后，艾森豪威尔被父亲强行拖回家中，然而，父亲并没有因此而呵斥他。

后来，母亲一声不吭地进来给他涂止痛药，并缠上绷带，但是，母亲始终也没有说一句话安慰他。于是，又恨又怒的艾森豪威尔又倒在床上大哭了一个小时。

直到他心态平和后，母亲才进来对他说："能控制自己情绪的人要比能拿下一座城市的人更伟大。发怒是自我毁伤，是毫无用处的，需要好好克服。"

就这样，母亲对他所说的话就深深地印在了艾森豪威尔的心中。在他年老时，艾森豪威尔一回想起10岁时母亲对他说的话，他觉得母亲那次对自己所说的话是这一辈子最值得珍惜的。

任何人遇事不如意或遭遇突发事件时，都会表现出不稳定的情绪，但是孩子往往会表现得更加夸张，或者是大喜大悲，或者是做事不顾后果，容易冲动。而善于自我管理的孩子就懂得控制自己的情绪，也知道如何去释放自己的情绪。

在生活中，有的孩子一生气就喜欢骂人，说脏话。他们虽然知道骂人、说脏话是不对的，每次骂人、说脏话以后也常常后悔，但是由于已经习以为常，所以总无法控制住。

针对这种情况，父母要教育孩子正确对待与他人的摩擦。许多孩子骂人其实是对自己受到伤害的一种情感宣泄。例如，东西被他人偷走，自己被他人踩了一脚等。父母应教会孩子如何抒发自己的情绪，并让孩子用宽容的心对待他人的过失。

**2. 教孩子控制自己的情绪**

孩子在发脾气时，父母不要乱了手脚，应该心平气和地告诉孩子，你可以生气，但是不可以伤害别人或者做伤害自己的事，把孩子带离那种一触即发的环境，并试着分散他的注意力。

假如父母的心平气和还是化解不了孩子的怨气，孩子仍然要发脾气的话，建议暂时不要理睬孩子，站在孩子附近，但是不要介入，让你的孩子明白你不会被他的怒气所控制。

如果孩子的怒气不是来自父母，那父母就可以教孩子一些消除压力和怒气的办法。比如，到操场去打篮球、扔东西或跟小狗小猫玩等，以转移孩子的注意力。另外，耐心的开导也会收到良好的效果。

孩子易怒与父母的脾气也有一定的关系，专家建议，父母要充满幽默感，放弃那种想要全面控制孩子的冲动，当然，也可以制定一些条规，如不许大喊大叫、不许用暴力、不许说侮辱人的话等。若违反条规，则做出相应的惩罚，如取消原本安排好的外出游玩计划，减少孩子的零花钱等。

父母只要帮助孩子学会控制自己的情绪，孩子才能逐步纠正发火、骂人、说脏话的不良习惯。当然，让孩子学会控制自己的情绪，父母需要帮助孩子找到适当的宣泄方法。例如，鼓励孩子把不高兴、不愉快的事件告诉父母或其他人，以缓解心中的不快；教孩子不要轻易流露自己的情绪，激动的时候应该在心中默数"一、二、三"；鼓励孩子自我隔离来达到冷静；培养孩子乐观的性格和幽默感等。

## 温馨小提示

每个人都有情绪失控的时候，关键是怎样来控制，如果孩子把发脾气当作得到利益的工具，那么这对孩子的未来是不利的，父母对孩子的感情毕竟是不可比拟的。孩子迟早有一天会离开父母去外面的世界闯荡，有情绪依赖症的人是无法在社会上有所作为的。

## 尊重是一种文明的表现

尊重是一种文明，一种修养，一种心灵的教育，也是培养和提高孩子情商的重要内容之一。

就目前来看，由于在生活中向孩子过分地强调父母与孩子间的朋友关系，并在孩子面前随意抱怨幼儿园老师以及其他一些孩子的长辈，而这些言行其实是在向孩子发出信号"不尊重权威是可以的"，以致在孩子的心目中也就没有了"尊重"这个条目。

要改变这种情况，父母应该注意哪些方面呢？

### 1. 培养孩子尊重他人的心理

有自尊的孩子都懂得尊重自己，懂得如何来维护自己的人格尊严。懂得尊重他人的孩子在说话时往往会顾及他人的感受。所以，父母在日常的生活中要尊重自己的孩子，进而培养孩子尊重他人的心理。

英国著名的教育家斯宾塞说过："野蛮产生野蛮，仁爱产生仁爱，这就是真理。你对待儿童没有同情，他们就变得没有同情；而以应有的友情对待他们，就是一个培养他们友情的手段。"这也就是说，只有以应有的尊重来对待孩子，孩子才会懂得尊重。

在德国的一个家庭里，母亲包莉如果想要让孩子帮助做什么事时总是对孩子说："请你帮我好吗？"她从来不会用一些生硬的句子，或强硬的命令语气来迫使孩子做事。

孩子做完了某件事，母亲总会说声"谢谢"。不管遇到什么事情，父母总会和孩子商量一下。例如，父子俩一块儿看电视时，倘若父亲想换另一个频道，就会先对孩子说："马克，咱们换个频道看看，好不好？"

在圣诞节那天，父亲给马克买了一个高尔夫球台作为礼物。有一次，父亲的朋友到家里来做客，他想和朋友一起玩一下，父亲就问孩子："马克，能不能把高尔夫球台借给我玩一下？"

这位父亲认为，既然已经是送给孩子的礼物，它就是孩子的物品。不管是谁，如果想要使用这个物品，必须得到孩子的同意。父母的这种教育方法，使孩子慢慢养成了彬彬有礼的习惯。

**2. 引导孩子尊重自己也尊重他人**

有些孩子从小就养成了以自我为中心的习惯，这并不能说孩子是自私的，而是幼小的孩子还不懂得该怎样去关注除了自己以外的人。

有一次，丰子恺先生请一位朋友到饭馆里吃饭。他将自己几个10多岁的孩子都带了去。刚吃完饭，就有孩子坐不住了并向父亲提出了先回家的要求。丰子恺先生马上悄悄地制止了孩子。

后来回到家里，丰子恺先生对孩子们说："如果我们家请客，那你们也是主人。主人要比客人先走，那是对客人的不敬。"

孩子们听了父母的话，都为自己刚才的举动感到惭愧。在以后的请客吃饭中，孩子们个个都争当好客的主人。

所以，父母要从日常生活中的一些小事来教育孩子尊重他人，如教育孩子在学校主动向老师同学问好、遇到熟人要热情打招呼、请人帮助时要用礼貌用语等。同时，可以多向孩子讲一些亲朋好友的性格、优点，鼓励孩子学习他人的优点。

此外，父母还要教育孩子谦虚谨慎，不骄傲自满，正确地对待他人的缺点和不足，不以自己的长处比他人的短处，让孩子明白"金无足赤，人无完人"的道理。

在我们的现实生活中，有些孩子不管是在说话上还是在做事上，都不懂得顾及他人的感受。例如，给老师和同学取绰号、当同学遇到困难时上前去围观起哄、见他人陷入困境时自己却幸灾乐祸、上课时同学回答错了还在私底下挖苦人家、没有征得同学的同意就拿走人家的东西、不认真听取别人的意见……

孩子们这样做，有时只是因为好奇，想看热闹，有时只是想和对方开个玩笑，有时则是盲目地跟着别的孩子做。但是，不管出于哪种原因，如果一直这样下去，将会严重影响到孩子们之间的友谊，进而影响健康成长。

对此，家长要引起高度的重视，父母如果发现孩子身上有这种情况，要先平静地问问孩子这样做的原因，然后有针对性地指出孩子这样做的坏处。父母要让孩子体会到不受别人尊重时的感觉，要让孩子知道，有教养的孩子只会同情、帮助、尊重别人，不会嘲笑、挖苦、鄙视别人。要让孩子从小就学会尊重他人，养成尊重他人的习惯。

### 温馨小提示

作为家长，要从小培养孩子处理人与人之间关系的能力，要

让他们去适应集体生活、适应社会，让他们学会尊重他人并能受人喜欢。其实，这就是让你的孩子向成功迈进了一大步

对此，父母首先要学会尊重孩子，其次，父母在家庭中要互相尊重，父母之间的尊重，会在潜移默化中给孩子以良好的影响。

# 让孩子学会自我激励

每个人都希望被鼓励与认可，孩子更是这样。也许父母不经意的一句话就能让孩子信心百倍，但是对于孩子，更主要的是要让其学会自我激励，因为父母终究不会伴随自己一生，只有孩子学会了自我激励，遇到事情才不会气馁，才会走得更长远！

1. **认识自我激励的重要性**

自我激励是孩子成长过程中不可或缺的环节。自我激励能提升孩子的自我形象，同时，这些好形象、好表现，又会成为他自我激励的理由。如此形成一个良性循环后，就能从根本上推动孩子取得更大的进步。当然，教会孩子自我激励是一个长期、细致的过程，需要家长坚持不懈的努力。

小翔是个高中生，平时性格内向，沉默寡言，遇事总是闷在心里。他最大的弱点是对自己所遇到的挫折不能拿出足够的勇气来面对，更不会自我激励。

虽然他付出了艰苦的努力，但是期末考试成绩却很糟糕，他认为靠这样的成绩根本无法去面对父母殷切的目光。于是，他投河自尽了！

其实，在这个学期中，他已经有了不小的进步。然而，他没有

看到自己的进步，也没有借此激励自己，而是把自己送上了绝路。

德国人力资源开发专家斯普林格在其所著的《激励的神话》一书中写道："强烈的自我激励是成功的先决条件。"

在1968年墨西哥城奥运会马拉松比赛中，出现了一个非常感人的场面：

一位黑人选手在左膝盖受伤的情况下，凭着自己坚强的意志跑完了全程。

当他到达终点时，其他选手早已回去休息了。对他来说，跑不跑到终点，都已经没有名次了。但是，他还是坚持跑完了全程。

当他跑到终点时，一位记者问他："是什么力量让你坚持跑完全程的？"

他回答："我只是不断地告诫自己，一定要跑完！"

这位黑人选手积极的自我激励精神赢得了全场最热烈的掌声。

自我激励是一种习惯内化的结果。父母必须让孩子学会自我激励。鼓励孩子自我激励，让孩子不只重视父母的赞扬或者物质上的奖励，更注重对自己努力的肯定，并能正确地面对物质上的诱惑。

当孩子取得好成绩或有所进步时，父母虽然可以不断地赏识和夸奖孩子，但最终还是要靠他自己的力量来自我激励，从而强化自己的行为。

孙云晓的女儿孙冉考大学前的第一次模拟考试考得很不理想，孙冉心里很不好受。考完试，孙冉就哭了，回到家后，脸上依然挂着泪水，神情黯然。

这时，孙云晓对女儿说："没事，你考得不错。现在这个成绩上大专够了，又不是不上线，没问题。现在离高考还有两个月，只要你努力，是有可能发生奇迹的。"

然后，孙云晓让孩子做了一件自我激励的事情。他从复旦大学的一本报考手册上看到这样几句话："相信自己！相信自己的选择！相信自己选择的成功的人生！"

孙云晓让女儿每天早晨起来，在阳台上把这几句话大声地喊三遍。第一天，女儿喊的声音非常小，只有她自己一个人听得见。孙云晓对她说："你这样是不行的。你这样就是不相信自己，要大声地喊，使劲地喊。"

后来，女儿真的放开嗓子喊了。结果，她发现自己的心态变得非常好，每天精神抖擞。这种自我激励一直坚持到高考。最后，孙冉高考成绩比第一次模拟考试的成绩提高了100分！

总之，父母的赏识、尊重、信任及指导，是鼓励孩子自我激励的重要所在，它有助于孩子增强自信心，并保持继续努力的积极态度。

**2. 帮助孩子学会自我激励**

孩子的不断进步有很多原因，其中家庭教育起着极为重要的作用。父母对孩子的鼓励，可以帮助孩子开发智力，快速地成长。聪明的孩子在父母的鼓励下，会变得更加聪明，愚笨的孩子在父母的鼓励下，会变得不再愚笨。

（1）父母要经常激励孩子

激励孩子并不是单纯地靠物质奖励，更应该重视精神层面的激励。当孩子取得优异成绩时，父母的"孩子，你真棒，我们相信你会做得更好"，远比给孩子买多少礼物、给孩子多少钱更加让孩子受益。

李强患有先天性腿部残疾，走路一瘸一拐的，因为这个问题，同学们经常嘲笑他，他也一度对生活失去了信心。但是坚强的妈妈并没有因为这个原因对孩子有丝毫的失望，相反，她用了很多办法帮助孩子树立自信。

每天早上醒来，妈妈都会到李强的房间，对孩子说："孩子，新的一天开始了，要有新的收获哦。"

最初李强对自己很没信心，可是妈妈说这句话的次数多了，他就觉得自己如果不努力，就对不起妈妈的良苦用心。于是，每天他都对自己说加油，用好成绩来证明自己。

在妈妈的鼓励下，李强的成绩在班里总是名列前茅，再也没有同学对他投去鄙夷的目光了。

父母对孩子的鼓励，也许只是一句话、一个眼神、一个不经意的动作，却可以唤起孩子良好的情感体验。孩子会将父母的鼓励转化为自己前进的动力，不断督促自己进步。

父母要学会悦纳自己的孩子，赏识孩子的每一点进步，这样孩子才会在父母的赏识中肯定自己的价值，发挥出自己的潜能，取得更加理想的成绩。

（2）引导孩子学会鼓励自己

父母要告诉孩子，求人不如求己，没有人有义务和责任一直给予你鼓励和支持，重要的是要学会自我激励，这样孩子在没有外人鼓励时，也可以获得大的进步。

在拿破仑·希尔的《思考致富》一书里面，首次揭示出6个自我激励的"黄金"步骤：

一是你要在心里确定你希望拥有的财富数字——泛泛地说"我需要很多、很多的钱"是没有用的，你必须确定你要求的财富具体数额。

二是确确实实地决定，你将会付出什么努力与多少代价去换取你所需要的钱——世界上是没有不劳而获这回事的。

三是规定一个固定的日期，一定要在这个日期之前把你要求的钱赚到手——没有时间表，你的船永远不会"泊岸"。

四是拟定一个实现你理想的可行性计划，并马上进行。你要习惯行动，不能够再耽于空想。

五是将以上4个步骤清楚地记下——不可以单靠记忆，一定要白纸黑字写下来。

六是不妨每天两次，大声朗诵你写下的计划内容。一次在晚上就寝之前，另一次在早上起床之后，当你朗诵的时候，你必看到、感觉到和深信，你已经拥有这些钱！

爱迪生曾写信给拿破仑·希尔："我感谢您花了这么长的时间去完成'成功学'，这是一个很健全的哲学，追随您学习的人，将会有很大的收获。"

这是一个经济学中的步骤，但是在家庭教育中也有重要的意义，父母可以将其作为参考，用到对孩子的教育中，让孩子读懂这个"黄金"步骤，在此基础上，制定自己的学习步骤，从而实现自己的理想。

（3）指导孩子确定自己的目标

目标对于孩子的影响是巨大的，它会决定孩子的学习态度和学习劲头。善于自我激励的孩子，一定是有明确目标的孩子。只有在目标的引导下，孩子才会为之进行自我激励，朝着自己的目标不断前进。

查理·派迪小时候在一次赛车比赛中得了第二名，他非常兴奋地跑回家，把这个好消息告诉了妈妈。他对妈妈说他得到了第二名，总共有5个人参加了比赛。

妈妈看了他一眼，说道："这有什么值得骄傲的吗？在我看来，其实你输了，你输给了第一名。别人能跑第一名，为什么你就跑不了啊？你用不着跑在别人后面。"这句话深深地印在了查理·派迪的脑海里，在接下来的20年里，他称霸赛车界，成为运动史上赢得奖牌最多的赛车选手。

正是在自我激励下，查理·派迪才会不断地超越自己，取得卓越的成就。

孩子通常自己会设定一个目标，但由于年龄的限制，目标会存在不符合实际的情况。父母要根据孩子的情况，帮助孩子设定一个目标。即使孩子的目标很幼稚，也不要对其进行挖苦讽刺，而是鼓励孩子说出来，然后帮助孩子分析，引导孩子朝着目标前进。

由于孩子的自我约束能力很差，可能刚刚确定目标的时候斗志昂扬，没过三分钟，热情就不在了。父母在教孩子自我激励时，一定要让他有紧迫感。

不妨建议孩子每天大声朗读自己的目标计划，在朗读的过程中，无形加强了他对目标的认知。光有认知还不行，还要让他知道世上没有不劳而获的事情，付出和回报是成正比的，有多少付出才会有多少回报。例如，孩子想组装一个模型，你要告诉他，成型之前的模型是什么样子的，经过什么样的努力，才能达到现在的样子。

最后，还要对孩子的目标给予一定的时间限制。如果没有时间限制，孩子会觉得这个目标太过遥远，从而自我放松。因此，孩子的每一个目标都要规定一个固定的时间，并要求孩子在规定的时间之前达到目标。有了时间约束，孩子才会有紧迫感。

（4）要让孩子学会自我暗示

孩子如果学会了积极的自我暗示，就会调动全身心的各种潜能，朝着既定的方向前进。当孩子在奋斗的过程中遇到困难和挫折的时候，父母要让孩子学会暗示："我可以做到。"当孩子参加长跑时，可以让孩子暗暗对自己说："坚持，胜利就在前面。"

积极暗示会增强孩子的自信心，孩子的心态也会随之平稳，也就更容易成功。

> 王军还有两个月就要参加中考了，可在最近的模拟考试中，她的成绩很不理想，老师也说她升入重点高中的希望很渺茫。她回家后闷闷不乐，将自己的成绩和老师的话告诉了妈妈。
>
> 妈妈尽管很担心，可还是面带笑容地说："没事，你的成绩上普通高中是没问题的。再说现在离中考还有两个月，一切都是有可能的。"妈妈让王军每天在心里对自己说："我能行，我相信自己。"王军将妈妈的话记下了。
>
> 慢慢地，妈妈发现王军有了新的变化，她的脸上又出现了久违的笑容，她的学习成绩也在不断地提高。

当孩子参加有挑战性的活动时，父母要让孩子学会在心里暗暗地鼓励自己：我可以战胜困难。在这样的积极暗示下，孩子会变得坚强和勇敢，也就能够克服任何困难了。

父母还要教给孩子如何自我暗示,如要用积极的正面话语:"我一定要成功!""我没问题的。"不要让孩子对自己产生怀疑,这样孩子才不会产生"我做不到"的潜意识。父母一定不要让孩子忽略潜意识的作用。孩子学会积极、正确的暗示,就会自觉抵制那些消极的影响,最终达到目标和理想。

(5)要给孩子选择一个标杆

给孩子选择一个标杆,也就是给孩子找一个好榜样,孩子在生活中和学习上有了自己的榜样之后,会模仿他们的言行,朝着他们的榜样努力,在这个学习的过程中,孩子会不断地激励自己,给自己加油打气。

父母可以为孩子选择身边比较熟悉的人作为学习的榜样,也可以选择在孩子比较感兴趣的领域里有突出贡献的人作为他们的榜样。在为孩子选择榜样时,父母要注意说话的口气和态度,不要对孩子有任何的嘲讽和挖苦。

## 温馨小提示

为了更好地让孩子学会自我激励,父母还应注意如下几点:

1. 引导孩子在面对困难时自我激励

由著名儿童诗人金波作词、著名作曲家瞿希贤作曲的歌曲《我能行》的歌词是这样的:

如果面前有一座山峰,我们就勇敢去攀登;如果遇到一场暴风雨,我们就是翱翔的雄鹰。跌倒了,爬起来,说一声,我能行!骨头变得更硬;失败了,不气馁,说一声,我能行!再去争取成功。我能行,有信心;我能行,更坚定;我能行,去开创新的人生。

孩子在遇到困难时,容易失去信心,放弃坚持,父母可以引导孩子在遇到困难和挫折时自我激励。比如，当孩子失去了参加奥数比赛的资格时，可以引导孩子这样激励自己："尽管这次奥数比赛没有让我参加，但是，我的确已经尽力了，瞧，我的数学成绩明显提高了！"

当孩子在做作业的时候产生烦躁、懈怠的情绪时，可以引导孩子这样激励自己："再坚持一下吧，只剩下最后一道题目了，做完题目就可以看一会儿动画片了！"

2. 引导孩子面对挑战时自我激励

这似乎很神奇，而实际上就是自我暗示、自我激励的重要作用。

当孩子需要参加一些富有挑战性的活动或者重要的考试及比赛的时候，父母一定要引导孩子学会自我暗示，提醒自己沉住气、别紧张，胜利一定是属于自己的。这样自我激励能够让孩子增强自信心，避免不良情绪造成不良后果。

3. 父母要强化孩子的自我激励

把孩子对自我的肯定稳定下来，并且加以强化。这非常重要，孩子们可以从中领会到：自己的努力和良好的行为是一种很好的奖赏。

注意在鼓励孩子自我暗示和自我激励时，要让孩子用正面积极的语言。比如，"我一定成功"，而不说"我不可能失败"；说"这件事对我来说很容易"，而不说"这件事对我来说并不难"。因为肯定的语气在孩子的大脑中种下的是成功的因子，他的潜意识会指挥他去"成功"；而否定的语气往往会埋下失败的因子，他的潜意识会给自己设置"失败"的障碍。

# 第六章　培养孩子学习的精神动力

　　每个人的生活都离不开学习，学习是人与环境保持平衡、维持生存和发展所必需的条件，也是人类适应环境的重要手段。尤其对孩子来说，学习就更为重要。

　　因为一个不爱学习的孩子难以适应当今及未来这个复杂多变的社会，更谈不上获得良好的发展。所以，对于孩子来说，学习是他们生活的重要内容。父母应该让孩子意识到学习是他们的责任，从而引导他们主动、积极地学习。

# 学习是孩子必做的事情

学习是孩子们获得知识和经验的唯一途径，而知识和经验是孩子在未来社会上生存所必须具备的。

没有知识和经验，孩子是不可能懂得如何去适应环境、发展自我的。因此，父母应该及早告诉孩子：学习是你必须要做的事情。

### 1. 学习是通向光明未来抉择

社会发展到今天，对国民素质的要求越来越高，特别是在升学、就业、竞选、任职等一系列重大问题上，对知识和素质的要求越来越高。对此，很多父母重视孩子的学习已远远超过其他方面。但孩子毕竟是孩子，况且孩子学习还需要他们自身去努力。

所以，父母在重视孩子学习的同时，必须在培养和教育的方法上下功夫，要善于让孩子知道学习是每个孩子必做的事情，只有这样才能使孩子认识到学习的重要性，从而不断自主地去努力。

一个人的实力绝大部分来自学习。本领需要学习，机智与灵活反应也需要学习。健康的身心同样也是需要学习健康的生活方式，特别是健康的心理活动模式。

人生有许多困惑、许多选择,当你面临选择的时候,你可以去学习,用学习和思想抚慰你的焦虑,缓解你的痛苦,启迪你的智慧,寻找你的答案。归根结底,学习是通向真理、通向知识、通向光明的抉择。

2. 引导孩子学习的方法

(1) 讲述学习的意义

学习使个体生命更加完善,使人类文明得以发展,具有非常重要的意义。有人说,一个人一天不学习,不进行必要的反思就会落后他人一大步。因此,父母应该经常向孩子讲述学习的意义,指导孩子认识到学习是他们必须要做的事情。

陈从蓉是个四年级的女孩,今年刚10岁。陈从蓉以前非常不爱学习,写作业需要妈妈一遍又一遍地催。

有一天,她好奇地问妈妈:"我每天学这些东西做什么啊?"

妈妈便告诉她:"拿学习语文知识来说吧,可以培养你的语言能力,以后你在社会上便能够自如地与他人交流,你看看电视里那些叔叔阿姨说出来的话啊,如果没有丰富的词汇量和阅读水平、语言组织能力的积累,他们怎么能说出那么逻辑完整的优美语句呢?"

从那以后,妈妈常常跟女儿讲学习的意义,并告诉女儿:"学习是你必须要做的事情,不仅现在要学习,以后你也要不断地学习,否则就永远不能进步啊!"

父母应该从小就告诉孩子,不学习人就不能独立地生存下去,更谈不上将来能够生活得更好;没有学习,人类社会就永远不能获得发展。教育孩子只有不断地学习,他们才能更好地适应不断变化的环境和纷繁复杂的社会。

（2）学生的天职是学习

学习是每个孩子必须要做的事情，因为孩子还处于积累知识和经验的重要时期。如果他们这时候不学习，将来进入社会便难以适应。父母应该告诉孩子，在这个时期他们最重要的任务就是学习，只有打好坚实的知识基础，将来进入社会后才能够争取到更多的发展机会。

绿竹今年12岁，不太爱学习，成绩也不理想。她常常问妈妈："为什么你们要把我送到学校去呢？为什么我不能像爷爷奶奶一样每天去公园里跳舞、练太极呢？"

妈妈耐心地告诉她："你还小，知识储备不够，生活经验积累得也不多，因此，你必须学习。现在你必须掌握知识和经验，以便在将来获得更好的发展。你和爷爷奶奶是不一样的，爷爷奶奶在你这个年龄的时候，条件非常艰苦，他们学习比你更刻苦、更有劲头。"

绿竹点了点头，便开始埋头写作业了。在以后的学习中，她越来越体会到了妈妈这些话的重要。

父母应该告诉孩子，学生的天职就是学习，尤其在知识经验严重不足的童年时期。为了适应将来的社会生活，孩子必须学习一定的知识，掌握一定的生活经验。

（3）不学习就会落后

不学习就会落后于他人，甚至难以在社会上生存。1972年，联合国教科文组织国际教育发展委员会发表著名的题为《学会生存》的研究报告，就把学习同生存直接联系在一起，可见学习的重要性。

　　方仲永是宋朝末年的一个神童，有很强的写作天赋，很小的时候就可以写诗作对。5岁时，他的父亲让他当众作了一首诗，那首诗得到了很多人的好评。
　　可是，他的父亲为了炫耀，带着方仲永到处拜访，到处给人作诗。他认为既然孩子是神童，就没有必要让他再学习。
　　又过了几年，仲永已经十二三岁，著名诗人王安石去看望他，并叫他当场作一首诗，却发现其文采与辞藻都已经大不如从前。又过了7年，他已经变得和普通人一样了。

父母在平时的生活中应该多给孩子讲一讲不学习的严重后果，利用古今中外那些不认真学习导致人生失败的例子来引导孩子意识到学习的重要性和他肩上所负的责任。

（4）培养孩子负责的意识

学习，说到底也就是孩子现阶段最重要的责任。如果孩子没有对自己负责任的意识，他就不能意识到自己肩负着学习知识、积累生活经验的重要责任，更不可能主动、自觉地学习了。

　　李洪斌是个六年级的男孩，极具责任心，而且学习也很努力、认真。李洪斌的妈妈从小就告诉他："你自己的事情要自己做，而且必须学会自己做。学习也是你自己的事情，因此也是你必须要做的事情。这是你的责任。"
　　在妈妈的指导下，李洪斌把学习当作自己的事，因此总是主动、积极地去学习，成绩也很好。

因此，父母要培养孩子对自己负责，对自己人生和未来负责的意识，让他们意识到现在的学习关系到以后人生的成败，努力学习是他们对自己的未来负责任的一种表现。

（5）启发孩子主动学习

古今中外，很多为人类做出巨大贡献的名人从小热爱学习，曾两度获得诺贝尔奖的著名科学家居里夫人，为了读书，年轻时背井离乡去巴黎，过着清贫的生活。

名人的榜样作用对孩子的学习影响深远。因此，父母应该经常给孩子讲讲名人热爱学习的故事，以此激发孩子主动学习的兴趣。

### 温馨小提示

学习是一种精神的漫游，它能扩大我们精神的空间与容积。学习还是一种对于有限生命的挑战，以有限的生命追求无限的宇宙和时间。学习是一种坚持、一种固守、一种节操。

就孩子学习而言，关键是对孩子学习兴趣和学习主动性的培养与保护。学习其实是人的本性，只要你能保护好这种人的本性，你的孩子学习一定不会差。

## 用奋斗目标来激励孩子

俗话说："一个确定的目标是成功的一半。"一个人只有确定了奋斗目标，才有一个努力拼搏的方向，才不会在前行中迷失自我。要相信，善于自我激励的人必然有着自己的前进目标，所以才会不断地朝着自己的奋斗目标前进。

为此，作为父母，要懂得用目标来激励孩子的学习热情。

### 1. 了解目标的重要性

有关调查表明，芸芸众生中，真正的天才与白痴都是极少数，绝大多数人的智力相差不多。但是，这些人中有的成为赢家，有的却碌碌无为。在这些智力相近的一群人中，为何他们的成就却有天壤之别呢？

美国哈佛大学就这一问题对一群智力、学历、环境条件都相差无几的学生进行过一次关于人生目标的调查。调查表明，27%的人没有目标；60%的人目标模糊；10%的人有清晰但比较短期的目标；3%的人有清晰而长远的目标。

25年后，哈佛对上述对象再一次进行调查，结果令人吃惊：3%的人25年间朝着一个方向不懈努力，几乎都成为社会各界的成功人士，其中不乏行业领袖、社会精英。

10%的人的短期目标不断地实现，成为各个领域中的专业人士，大多生活在社会的中上层。60%的人安稳地生活与工作，但都没有什么特别的成绩，几乎都生活在社会中下层；剩下27%的人的生活没有目标，过得很不如意，并且常常在抱怨他人、抱怨社会、抱怨这个"不肯给他们机会"的世界。

这是一个令人深思的结论。其实，他们之间的差别仅仅在于，25年前，他们中的一些人知道要干什么，而另一些人则不清楚或不很清楚。每一个立志成为赢家的人都必须明白，杰出人士与平庸之辈最根本的差别，并不在于天赋，也不在于机遇，而在于人生有无目标。

目标是人生的希望，是人生的动力。没有目标，就没有事业的成功和人生的辉煌，所有的成功者都是在执着的奋斗中，靠着顽强的信念实现自己的梦想与目标。

确定了自己的目标之后，一定要相信你自己，别让别人的一句话将你击倒。不管别人怎么说，记住，命运在你自己的手里，而不是别人的嘴里。

**2．帮孩子确定目标的方法**

目标，是实现人生理想阶段性的要求，人只有通过完成各个不同时期的目标，才能逐步实现人生的最大目标，即理想。如果孩子没有具体的奋斗目标，或是目标过高、过低都不好，这不但不利于孩子的健康成长，还可能难以实现目标或落后于目标而直接影响到孩子实际能力的锻炼。因此，父母应善于为孩子确定目标。

（1）目标要有明确性

父母激励孩子树立奋斗的目标是孩子正确认识自我的前提。若自己的孩子比较外向，喜欢谈自己的理想、自己的未来，就算孩子有时说得不太靠谱，父母也不要嘲笑孩子天真烂漫的梦想，而应该对其表示鼓励，同时引导孩子向着自己的目标努力。

比如，一个只有几岁的孩子说自己的目标是要当世界闻名的大歌星，这时，聪明的父母不妨引导孩子把这个目标写下来，并把它当成行动的计划，去做一些能够实现目标的事情。这样一来，才能离奋斗目标越来越近，才能把梦想变成现实。

父母在教育孩子学习书本文化知识时，可以让孩子在一年内学习两册科学知识读本。当然也不能全盘否定，只有树立当歌星、科学家、艺术家之类的远大目标才有意义。目标没有高低贵贱之分，不管孩子的目标是什么，只要父母善于引导孩子、正确地教育孩子，都是好目标。

（2）目标要有挑战性

作为父母，在引导孩子树立自己的奋斗目标时，不宜过高也不宜过低，应该与孩子沟通后，找出孩子对哪个方面感兴趣，并且通过孩子的努力去实现。比如，许多女孩喜欢唱歌、跳舞，父母可以引导孩子通过这些来延伸作曲或是编舞等。

（3）目标要有针对性

兴趣是活动的源泉，是激发孩子参与活动的动力。父母在为孩子寻找目标时，并不是单一地早早帮孩子确定以后要从事的职业方向，而是帮孩子发现他本人最想得到的和最感兴趣的东西。只有最感兴趣的东西，孩子做起来才会不觉得累，才会以饱满的精神去面对，在取得成功时才能感觉到真正的成功感。

父母是最了解孩子的人，帮助他们找到自己的奋斗目标，并帮助他们实现它则是势在必行的事情。而这一目标将会成为孩子生活的动力，其也会让孩子发现自己走在一条自己所选择的道路上，所以孩子会很注意自己的一言一行、一举一动。因为孩子知道，自己今天所做的一切都是为了更好地实现远大的目标，会离目标越来越近。

父母在给孩子树立目标之前，不妨先与孩子面对面地、推心置腹地交流一番，然后再根据孩子的兴趣进行慢慢地培养。聪明的父母会从日常生活中发现孩子的兴趣、爱好，因为这些经常会在孩子的生活、玩乐中显露出来。

作为父母，应该尊重孩子的兴趣、爱好、特长，并为之感到高兴。当父母发现孩子的兴趣与自己想象的相差甚远时，不要打击孩子、讽刺孩子。父母们一定要记住：只有孩子感兴趣的东西，他才会专心、用心地去做，才会取得更好的成绩。

无数的事实证明，勉强孩子去做自己不喜欢做的事情，那么其结果往往是背道而驰，费心又费时，只是蹉跎时间而已。如果父母发现孩子没有特别感兴趣的东西或是中间出现其他的情况时，一定要及时帮助并调整孩子的心态。

（4）目标要有创造性

每一个孩子的思维方式都不相同。但是，也并不是与大多数不一样就是不正确的，事实证明，人云亦云的人才是没有思考能力的。

世界著名的作曲家莫扎特小时候从师于伟大的作曲家海顿。一天，年幼的莫扎特对海顿说："老师，我写了一首曲子，你肯定弹奏不了。"

"怎么可能呢？"海顿不以为然，"到底是什么样的曲子呢？"

这时，莫扎特将自己写好的曲谱递给海顿，海顿仔细看过曲谱，突然大声叫了一声道："这是什么曲子呀？乱弹琴，当两只手分别放在钢琴两端弹奏时，怎么会有一个音符出现在键盘的中间呢？这样看来，这首曲子是不能弹奏出来的。"

此刻，只见莫扎特在遇到键盘中间的音符时，便俯下身体，用鼻子弹了出来。海顿对此感慨不已。

为孩子实现理想创造条件时，首先激发孩子对目标的向往，父母自身应做好一个榜样。如果连父母都做不好，更何况年幼的孩子呢？激发孩子对目标感兴趣的事例无处不在。

（5）目标要有长远性

俗话说："一口不能吃个胖子，胖子是一口一口地吃出来的。"谁都想一步登天，实现自己的远大理想，但是又有谁能真正地做到这一点呢？所以，教育孩子对感兴趣的东西树立目标也要分短期与长期。就拿平日的月考来说吧，父母对孩子的要求越高，也就越容易给孩子造成压力，使之失去信心。

因此，父母不宜将孩子的目标定得太高，一定要拿第一名或前几名。只要孩子每次的月考成绩比前几次好，哪怕是一点点进步，父母也要不断地鼓励孩子，帮孩子树立自信心。这样，才会在考试过程中，越来越好，甚至达到令人意想不到的效果。

要培养孩子的上进心，关键是在孩子心目中树立一个经他们努力能达到的好目标。所以，父母不妨试一下"一点点进步欣赏法"。其具体操作是把大目标形象化，将其划分成一个又一个的小目标，逐渐完成它。

（6）目标要有可行性

目标很容易，但是要想实现这个目标，却不是那么简单的。要知道，实现目标的过程是坎坷的，如果孩子失败了，父母要及时开导他，帮他分析失败的原因，并找回勇气从头再来。

在这个过程中，父母要有足够的耐心与精力，同时也要注意言传身教的作用。例如，在孩子学习时，父母不看电视或不娱乐，做自己的事，和孩子一起学习。这样的话，孩子看在眼里才会更有动力。

由此可以看出，制定目标也是要靠父母与孩子相互沟通交流，才能得出一个具体结果，并且还要在一定的家庭氛围内逐渐形成的。父母要用心去倾听孩子的心声，帮助孩子找到自己生活的目标和航向，进一步引导孩子走在他自己所期望的道路上。

### 温馨小提示

父母站在孩子身后，作为孩子的力量和支持，要懂得帮助孩子确定正确的奋斗目标，那么何为正确的奋斗目标呢？即指平常用看得见的目标作为孩子的奋斗方向，并且还要用短期目标的成果激励孩子去冲击下一个看得见的长期目标，大人的成长是这样，孩子的人生也是在这样的曲折中循环前进的。因此，现实和有效的激励法就是让孩子用自己的实际行为，即看得见的目标激励自己。

作为父母，都希望自己的孩子成龙、成凤，但不是光靠树立远大的目标就能达到的。现实生活中要注意多鼓励孩子增强成就感，对孩子取得每一个小小的成绩，哪怕是一点点的进步，都要及时给予充分的肯定和激励。父母们要明白，激励其不断追求新的成就，特别是对幼儿和小学生，更要多鼓励和支持。

大量事实证明，比身体劳累更为可怕的是心灵疲惫。父母清楚地让孩子看到自己不断地向目标迈进，恰是治疗心理疲惫的一剂灵丹妙药，是一切动力的源泉。

## 不要给孩子施加太多压力

有些父母要孩子学习，不是根据孩子的兴趣爱好培养特长，激发学习热情，而是通过孩子来实现自己未曾实现的理想。这是父母的一种代偿心理，会给孩子造成巨大的压力。

日本教育学者山本光明，把从事某种活动的意愿表现为充满斗志、被强迫做、不想做、无法做4种方式。认为凡是被强迫学习的孩子都缺乏学习的主动性和动力。所以，父母不要给孩子一味地施加太多压力，应以一种平和的心态来教育孩子。

## 1. 压力大会导致心理危害

现如今,有心理障碍的孩子越来越多。心理学家指出,压力过大则是导致孩子出现心理问题的一个重要因素。目前,有很多中小学生面对着学习和考试压力,这种学习压力,确确实实已大大超过了他们的心理和生理的承受能力,从而致使出现一系列的逆反心理乃至精神变异。

静静是小学一年级的学生,只因一次拼音测验成绩不理想,她竟背上了沉重的思想包袱,在睡梦中,发出了"我能跟上!"的呼喊。静静的父母平时总给孩子灌输"要做最优秀的学生"的思想,对她的要求非常高。

自从她一入学,静静的爸爸妈妈便像大多数父母一样,开始不自觉地把考试和分数挂在嘴边,和孩子交流时也会习惯性地问:"今天考试了吗?"这给孩子的心理造成了极大的压力。

所以,自从她拿回一张考得极差的试卷之后,笑容就从她稚嫩的脸上消失了,眼睛里多了一份忧伤和迷茫,睡觉不再香甜,有一次竟在睡梦中大喊:"不,你们瞎说,我能跟上!我能跟上!"

静静的梦语,吓坏了她的父母,也惊醒了她的父母,他们没料到一次考试的失误竟带给孩子那么大的心理压力。"分数曾经把我们这一代压得喘不过气来,没想到如今我们又将分数的压力施加在孩子身上。"

静静的父母开始和静静交流,帮助她释放内心的压力。慢慢地,灿烂的笑容再次回到了她的脸上。

众所周知，教育并不是一朝一夕就能见到成效的，而是一个循序渐进的过程。其中，认知能力、自控能力、人际社交能力、生活独立自主能力等都是需要长时间的教导才能养成的。家庭教育是一门艺术，父母最好不要给孩子过高的期望值，别一味关注分数，多给孩子游戏和玩耍的时间，尽量让孩子每天保持一份快乐的心情。

父母对孩子的要求过于苛刻，会让孩子因压力过大而精神受到压抑，无法释放；孩子年龄小，有时压力过大，也不会用语言表达出来，就算是表达也无法让大家明白，因此，有的时候他们无法得到帮助。除此之外，他们也会因自身对事物不了解、对人际处世缺乏经验、独立处理问题的能力差，导致无法排解压力。

专家说，当压力过大或持续过长时，孩子就会产生抑郁症、失眠症、恐惧症等一系列的生理或心理连环反应；孩子学习压力过大，还会导致孩子在整个学习过程中思维混乱，无心学习，回答问题时缓慢，犹豫不决，进而影响到对问题的认知。另外，高压制度下往往都是反抗，让孩子更不听管教，更不爱学习，可见，这是种极不正确的教育方式。

### 2. 以平和的心态看待孩子的成绩

父母在看到孩子的成绩时，首先要找出没有考好的原因；其次多让孩子做这方面的作业，避免下次再犯同样的错误。每个父母都希望自己的孩子更优秀，比自己更有出息，但这也不是急就能急出来的。所以，父母不妨降低你的期望值，为孩子减去过重的压力负荷，让孩子可以轻松自如地前行。

父母应保持一个平和的心态，特别是在对待孩子的成绩时，更应该保持良好的心态，因为你的心态将在孩子今后成绩好坏中起着至关重要的作用。与其给孩子处处施加压力，还不如给他提要求、定目标，要尽量恰如其分，帮助孩子树立一个"跳一跳，够得到"的目标。

常言道："知子莫若父母。"孩子的秉性如何，其他各方面的能力如何，做父母的可谓是心如明镜。作为父母，不要一味地抱怨孩子不争气，不要总是不知足，不要将目标定得太高，不要时刻给孩子强调只许成功、不许失败的话语。

只有化解了这种不良的教育观念，才能减轻孩子过大的精神压力，进而坚定学习的信念。因此，只有父母的心态好，才有利于孩子学习态度的改变。

"欲速则不达""水到渠成"这些词语所表达的含义是永恒不变的真理。父母们要想提高孩子的学习质量，千万不可有急躁情绪，不能操之过急，尤其是在孩子的学习兴趣上，更不要处处施压。如果你逼得太紧，孩子就会焦躁、不耐烦，潜意识产生抵触情绪。让孩子对学习产生恐惧感，那可是后患无穷。

**3. 帮助孩子消除压力**

为了避免给孩子施加太多压力，父母很有必要注意自己的言谈举止及教育方式。对此，心理专家为广大父母提出了如下一些建议，对孩子的教育有良好的促进作用。

（1）谨防孩子产生逆反心理

一旦孩子产生了反抗心理，那么便使孩子和父母的关系处于紧张的边沿。他讨厌父母督促、检查他的一举一动，不愿意和父母讨论有关学习的事情，更不愿意与之进行推心置腹的交流，会对父母提出的成绩及排名要求非常反感……连进取心都没有了，哪里还谈得上学习的兴趣？

（2）平等地与孩子沟通

对于这一点，相信很多父母都很难做到。正所谓"爱你没商量"是很多父母奉行的理念，但从某种角度来讲，这种爱是极其自私的。父母不应该把自己的意志与意愿强加到孩子的身上，放下自己所谓的经验与长辈的架子，用心去融入孩子天真烂漫的纯洁世界，才能让孩子做回真正的自己。生活中，父母很少与孩子进行心与心的交流，更多的是指责。其实父母不妨静下心来与孩子多沟通，平等地与孩子进行沟通，看他真正需要的是什么。

让孩子尝试生活，他才能发现生活，从而拥有正常生活的权利。让孩子真切地了解自己是怎么样的一个人，正确地认识自己、分析自己，找出自己的优点与缺点，从而扬长避短、战胜自我、挑战自我、超越自我，成为新我。父母要跟孩子在一起，像朋友一样去帮助孩子前进，实现目标，成就属于他自己的未来。

（3）不要拿孩子与他人相比较

通常情况下，常常拿孩子与别人相提并论，往往使孩子产生厌恶心理，还没有站在起跑线上，就自动放弃比赛，放弃进取。

在生活中，我们不难听到这样的话："你怎么就这么笨呀？你看看人家，学得不但好，每次考试不是90分就是100分，而且还有特长。你说你是怎么考的呢？"这样贬低自己孩子、抬高别人孩子的做法无疑给孩子幼小的心灵雪上加霜。

父母老是这样拿自己的孩子与别的孩子进行比较，会使孩子怀疑自己是不是真的那么差劲，并渐渐开始给自己一种"我不行"的心理暗示。久而久之，他的自卑心理、内疚心里就越来越强。

我们知道，孩子在自己学习成绩不好的情况下，心里本来就伤心，甚至打退堂鼓。特别是那些经济条件不好的孩子，更是如此，觉得自己很对不起养育自己的父母，父母的这种做法无疑是加重孩子不必要的心理负担,进而学习成绩也就更难上去了。

(4) 多给予孩子鼓励和赞美

一个全面发展、心灵健康的孩子,无论到哪里都是人才。作为父母,要用一颗平常心看待孩子的学习成绩,多给孩子一些鼓励、支持和赞美,使他相信在他人生的道路上,他并不孤单。

父母的信任及鼓励也能增强孩子的自信心,对孩子的学习有极大的帮助。另外,相对宽松的环境和心态,才能激发孩子的潜能,使其做得更好。

(5) 及时了解孩子的学习状况

及时了解孩子的学习状况,对父母教育孩子有着重要的作用。只有充分地了解了孩子的学习状况,父母才能及时给予孩子帮助、鼓励和支持,特别是在发现孩子在学习以外的优点和长处时,及时表扬,不仅达到强化学习动机的目的,还能给孩子自信。

比如,孩子学习差是为什么呢?有些孩子学习差是因为他本来的底子就很差,所以在老师授课时几乎听不懂;也有的孩子是由于临场发挥紧张过度,导致进考场后脑子一片空白。若是前一种情况父母应该帮助孩子从最基础的内容补起,同时帮助孩子树立自信心。

如今学生的学习压力不亚于工作中的父母们,他们面临着升学、就业、家庭等诸多因素的影响。

俗话说:"可怜天下父母心。"一语道破天下所有父母们望子成龙、望女成凤的迫切心情。所以在教育过程中,要冷静,不对孩子唠唠叨叨;要修身养性,从改变自己做起,千万不要给孩子太多的压力,以免物极必反、事与愿违。

### 温馨小提示

由于孩子年龄还小，让他过于沉重地去面对来自各方面的压力，他是受不了的，这样很可能会造成不良心理。所以，父母应根据孩子的具体情况具体分析，及时做到让孩子劳逸结合，掌握孩子需要什么不需要什么，从而做一个明事理、讲民主的父母。有很多的孩子面对压力，都会表现出痛苦、迷惘和承受不了的表情，此时，父母一定要做好孩子的减压工作。

# 让书本生活化、学习游戏化

我国著名教育学家叶圣陶曾说："全部的课程就是全部的生活，一切生活就是一切课程。"书本中有太多的知识都是来源于生活中的点点滴滴，只是长期的、单一的应试教学模式，使原本的生活内容逐渐背离了生活。

生活犹如一个大课堂，在这个大课堂里可以让孩子学到更多的知识，并且在学习中愉悦心情。

**1. 父母应做到事事启发孩子**

生活中，大多数父母喜欢要孩子学这学那、背这背那，总是强逼孩子死记硬背一些公式和定理法则，其实这完全是不符合现代教育理论的。

聪明父母的做法则是启发孩子发现问题、解决问题，培养其独立处事的能力。而这种能力无论在任何情况下，都是必不可少的。

在家里，父母们要注意给孩子创造良好的学习环境和生活空间。不管是父母教孩子整理衣物、放置物件，还是使用各种劳动工具，都要提出具体的要求，并在其过程中给予具体的指导，使他做事井井有条、有始有终，养成不达目的誓不罢休的精神。

某市有一所幼儿园，为了把数学教育书本生活化，让学习游戏化，让幼儿在生活中学习，在学习中生活，让学习服务生活、提高生活质量。

经过幼儿园领导们的一致同意，实施了这么一个妙招。比如，开展《认识图形》的活动，就充分挖掘周围存在的各种颜色、图形，墙上的各种图形及图形组合，通过让幼儿用不同颜色、不同形状的砖头辅路，用各种颜色、形状的亮光纸装饰墙壁，给小动物喂饼干等一系列的游戏化的活动形式，让这些天真活泼、又爱调皮捣蛋的幼儿在轻松愉快的气氛中主动学习，巩固对图形及图形组合的认识。

另外，还有《按物体的长短、大小排列》一系列的活动，让幼儿在愉快吃点心的过程中，很自然地比食物的长短，并按长短顺序来排列。

除此之外，最有效的教育方式，就是"小鱼吹泡泡"了，布置"小鱼吹泡泡"的墙饰，让幼儿喝完一杯水，就在自己做的小鱼嘴边有规律地贴上一个图片，今天喝了几杯水，小鱼嘴边就有多少个泡泡。

这个活动不仅锻炼幼儿的动手能力，还能提高幼儿对数学的认识。对这一特殊的教育方式，家长也表示相当的满意。

可见，如今的教育方式绝不能局限以往的应试教育，而是越来越靠近科学教育，就是我们常常提起的"素质教育"，教育孩子全面发展。

有许多父母认为孩子只有"一心只读圣贤书，两耳不闻窗外事"，整天闭门造车才是真正地"学"，当他们看到孩子玩耍时，就一脸的不高兴。现实生活中，有很多孩子在父母的催逼下学习，却没有明显的效果。

其实这并不是因为孩子笨，而是因为学习方法不佳所造成的。真实的情境带给孩子的是所见即所得、所做即所悟。父母要善于引导、善于发现、善于将教学中的内容融入日常生活中，做到信手拈来，创设一些生动、有趣、贴近生活的实例，并且把生活中的教学原形生动地运用到课堂上，使孩子的学习不再那么枯燥。从而也使孩子一改往日的厌倦心理，富有感情、具有活力地去学习。只有这样不断地丰富他们的知识面，扩展生活视野，注重培养他们多方面的能力，才会不断发展他们的形象思维，促进语言和抽象思维的发展。

**2. 书本生活化、学习游戏化的方法**

让书本生活化，让学习游戏化的重要方法在于，父母应该经常引导孩子认真观察生活，从而保持在学习中愉快、在愉快中生活。

现实生活中，有很多父母带孩子去公园玩时，便教导他，人、事物、景物，如何在脑中留下深刻的印象，介绍过后再问一下他自己简单的想法。

教育专家说，当孩子处于发育阶段时，他的大脑就好比是一棵小树苗的成长，需要得到充分的养分与尽心尽力、方法得当的养护。因此，父母在促进孩子的智能发育上应从营养和教育这两个方面入手，抓准时机、抓住根本，才能达到最佳的成效。

有关教育专家建议，为了更好地做到让书本生活化、让学习游戏化，父母还应该让孩子亲身体验和了解居住地区的发展轨迹、风土人情、自身所处的环境。从根本上说，学习地理是为了了解我们的生存环境，并了解自身与其他同龄人之间的差距到底有多大,并在利用环境的同时来协调融合,达到"天人合一"的目的。

父母应密切关注周围的生活现象,并适时地引入孩子的学习,和孩子一起探究其形成发展的地理原因,从而也提高了孩子的综合知识。特别是语文课本上的知识无疑是生活的外延,换句话说就是等于生活,因为阅读的内容都是反映生活的,在生活中阅读,让生活的乐趣在阅读中得到充分发挥。

众所周知,中华民族历来都有将生命化作花叶的文化根基,各式各样的花可以看作是人生的不同阶段,人的一生不可能一帆风顺,但有的时候却可以平平淡淡;有的时候则可以轰轰烈烈。告诉孩子人生的每一个阶段都要活得绚烂,活得精彩,从花的淡雅高洁中悟出人不要自暴自弃,要学会珍惜生命,珍惜学习机会。

### 温馨小提示

生活是一个动态的过程,也是人类教育过程中一门不可或缺的大课堂。生活不是教材中的某一个固定知识点,生活只不过是一组变动不拘的身临其境的历程,它能让孩子学会比书本中更多的知识。生活是多姿多彩、接纳性的,不是固定不变的。所以,父母要给予孩子正确的引导,让孩子在生活中学习、锻炼,培养好习惯,提升孩子各方面的能力。

## 消除孩子的考试恐惧症

与平日的学习压力一样,过分的恐惧对考试成绩的好坏有着直接的影响。

所以，在孩子备考期间，父母应尽量摆脱各种外界的干扰，保持比较平和的心态，这对孩子能以稳定的情绪、平和的心态去对待考试是很有意义的。

1. 考试恐惧症产生的原因

孩子对考试产生恐惧已成为一个普遍存在的现象。越来越多的孩子走进咨询中心，以便解决考试恐惧症的问题。仔细的人们也不难发现，在完全不同的社会体系中，考试及有关的理论知识和非理论知识的恐惧影响着周围的每一个人。

每逢遇到对考生具有代表性的考试时，如改变命运、扭转乾坤的考试，考生的心理状态就会发生一系列的异常变化。比如，在考试前情绪明显焦虑不安、烦躁、紧张、睡眠不足等。

有的孩子平时很用功，考试前也会做一系列的温习工作，积极备战，但是当真正走进考场时，就会感到头晕、恶心、手心冒冷汗等，以致头脑一片空白，交卷后才醒悟过来，为时已晚。

正常情况下，孩子在考试过程中，常有两种压力导致考试恐惧症：一种是对自身的过高期望；另一种是来自自身的知识经验准备不足，从而担心自己是否能够顺利通过考试，常常在学习中表现出焦虑不安等一些不良情绪。就算是成绩名列前茅的孩子在考试时，也会过分地担心考试结果。

他们平时成绩好，所以处处要求自己过高，争强好胜的心理也会占据上风，总想着拿第一，希望自己能考出好成绩，却不能面对考试不好的结果，越是强烈地要求自己考好，可往往事与愿违。

众所周知，在孩子的学习中，面对着繁多的功课、父母的厚望以及自身对未来美好前途的强烈渴望，内心的矛盾让孩子产生害怕考试，进而恐惧考试的心理。期望值高是影响孩子考试恐惧的重要因素。这种现象往往是孩子对自己的要求，远远超过了自身所具有的水平，在考试之前没有把握而失去信心，影响效果及考试质量。有的甚至是在心烦意乱的情况下，注意力不集中，连正常的水平都得不到发挥。

燕子今年就要中考，她不停地对妈妈说："妈妈，我希望我快点长大。"

妈妈很好奇，便问她："为什么要长大，现在的生活不是很好吗？"

燕子频频摇头，以示不同意。细问之后，才知原因，那就是：大人不用考试。因为燕子对考试有一定的恐惧，所以她的情绪极不稳定，生活、学习都进入了低迷期，同时成绩也起伏不定。

这种现象给她的妈妈带来了很大的困扰，一时无措，不知如何是好。并且随着时间的推移，燕子的考试恐惧症越来越严重，让人担心不已。

燕子对考试恐惧，只不过是生活中众多例子的一个缩影，像这样的例子比比皆是。那么，应该怎样解决这一问题呢？

**2. 消除考试恐惧症的方法**

心理专家建议，消除孩子的考试恐惧症，既要治标，又要治本。对此不妨注意如下几个方面：

（1）扭转消极心理

一般情况下，有些孩子在考试前往往会产生焦虑的心理，自我威胁、自我恐惧等，这完全是由于自信心不足所造成的，对自己的评价过于消极。

这时，父母应教会孩子表达出自己的内心情感，扭转自我消极，克服不当的学习压力和考试恐惧。

（2）转移注意力

平时多注意孩子的一举一动，及时引导孩子走出心理阴影。正常情况下，大部分的孩子在考试前，情绪一般都较低，这时，父母不妨把孩子不愉快的事情转移到孩子感兴趣的地方。

比如，让孩子唱他最喜欢的歌、带他最想去的地方，或是重新布置一下自己的小房间……这些方法都在改善不良心理的过程中起着至关重要的作用。

在简而易做的情况下，较高的心理压力会产生奇佳的成绩；在复杂难做的情况下，较低的心理压力将产生较高的成绩。

（3）让孩子放轻松

在考试之前，细心的父母会发现，有的孩子心里非常想好好学习，可就是学不进去，尤其是一遍又一遍地重复学习相同的知识，逐渐产生了厌倦心理；还有一些孩子越是临近考试，成绩越是提高得慢，比起以往的记忆力差之又差，为此而烦恼不堪……

这时父母要做的就是，尽力让孩子放轻松，让他把心中的郁闷、恐惧发泄出来，并结合孩子的年龄给予适应的准备，要让孩子明白，考试不过是检验他平时学习状况的一个手段，不能代表未来，只有这样才能改变这种不佳的情绪状况。

如果父母一味地把分数看重，孩子就会把每次考试看重，给自己增加压力，进而对考试产生恐惧心理，这种后果非常严重。父母要明白，学习压力与考试焦虑总是结伴而行的。

**温馨小提示**

考前孩子都比较敏感，父母的情绪会直接影响孩子的情绪。如果父母在孩子考试前，因担心孩子考不好，整天愁眉苦脸，孩子会将其牢记在心里，父母紧张、害怕，孩子也会焦虑、恐惧。因此，考试前父母一定要保持愉快的情绪、平和的心态，时刻注意自己的言谈举止，多给他们传递轻松的信息。

另外，生活中我们有时会发现，孩子会顶撞父母，嫌父母太过唠叨，对自己太过苛刻，这时父母最好不要过分责骂孩子，父母有时心烦时还要发泄一番，更何况是年幼的孩子呢？情绪释放了，也就相应地减轻了压力。

当孩子处于压力的包围之中时，其实也是需要倾诉的，父母不妨试着和孩子做朋友，和孩子推心置腹地交谈，让孩子把自己的内心想法表达出来。孩子的担心只有在父母那儿找到安慰、鼓励和支持，心情才会舒畅。这种沟通常常能使孩子的心境立即阴转晴。

## 培养孩子的阅读兴趣

阅读兴趣是孩子积极阅读的意识倾向。父母应该有意识地培养孩子的阅读兴趣。比如，给孩子介绍书籍时先描述其中吸引人之处，或者和孩子一起收藏书籍等。

喜不喜欢阅读，善不善于阅读，与孩子的阅读兴趣有很大的关系。那么，父母该如何培养孩子的阅读兴趣呢？

1. 书是人类进步的阶梯

莎士比亚说:"生活里没有书籍,就好像没有阳光;智慧里没有书籍,好像鸟儿没有翅膀。"书,是前人智慧、经验的结晶。

读书,就是让孩子在有限的时间内吸取人类数千年的成就,使孩子有可能"站到巨人肩上",有人做过统计,发现正常人90%以上的信息来源于阅读。

在信息量飞速增长的今天,阅读能力的高低已成为个人能否成才的重要条件之一。乐于阅读、善于阅读正是成功者的重要品质。

1995年联合国教科文组织把4月23日定为"世界读书日"。从"开卷有益"的古训,至"读万卷书,行万里路"的劝勉;从"热爱书吧,书是知识的源泉"的激情召唤,至"书是人类发出的最美妙声音"的深情吟唱,人们相信,一切时代的精华尽在书中,书籍是人类共同的精神财富,是人类进步的阶梯。

通过阅读,可以把孩子引入一个神奇、美妙的世界,使他们的生活更加丰富多彩、乐趣无穷。同时,还可以使孩子从书中获得人生的经验。因为人生短暂,不可能事事都去亲身体验,书中的间接经验,将有效地补充个人经历的不足,增加对生活的感受。

让孩子养成良好的阅读兴趣,是许多父母关心的问题。读书,与其说是一种爱好,不如说是一种习惯,只要从小培养,它就会像吃饭睡觉一样成为生活中最自然的事情。天长日久,书会成为孩子最知心的朋友。

2. 认识热爱读书的意义

爱读书,善于读书,对人生的意义确实非常重大。简单地说,表现为如下几个方面:

第一,它使人不断丰富知识,扩大视野,如同结交了许多名人名家一样，从而让自己获得很多信息，跟上时代的步伐。

第二，它是锻炼思考能力，进入创造思维和提高人格修养的乐事，是一种高尚的享受。

第三，它还是一种积极休息的健身方法。因为人脑有比较明确的区域定位，有的部分管人体运动，有的部分管手的操作，有的部分管数学计算，有的部分管音乐美术。读书和其他活动交替进行，能使大脑各部分得到轮流休息和保养，使身心舒适健康。

第四，对孩子来说，阅读最重要的意义是培养自学能力，提高理解能力，这是孩子学会依靠自身的力量争取全面发展和充分发展的必由之路。

### 3. 培养孩子阅读兴趣的法则

法则一：电视做媒

茶余饭后，常见孩子们与父母一起看电视。但很多父母都觉得小说改编的电视剧没有原著好，希望孩子能去读读书。在银行工作的出纳员林女士就是其中一个。以前演电视连续剧《围城》的时候，她就总是跟孩子说电视哪里改编得好、哪里有出入、哪个人物比较具有原创性、哪一个不同于原著。

于是，孩子便有心去翻看一下钱钟书的原著，那是他第一次将一部长篇小说看完，觉得受益匪浅，之后孩子便在电视作品与纯文学作品中找到了一个阅读的天地。到现在儿子看的小说已经比林女士多多了。

法则二：旁敲侧击

为了让孩子读书，在医院工作的王女士想了很多方法，却都不得要领。有一次，晚饭过后她没有去看电视，而是和丈夫就报纸上推荐的几本图书大发议论。

一旁的孩子再也写不下作业了，王女士和丈夫的争论被他通通记住。

几天后在家中那几本热卖书一一出现，孩子也对大人谈一些他对这些书的想法，虽然想法很幼稚，但他们很高兴。这些书并非很深刻，但让孩子现在就去读大师巨作毕竟不现实，应由浅入深，孩子读书的前途广阔着呢！

法则三：营造氛围

在研究所工作的武女士举了一个例子："女儿刚出世时，家里居住面积小，书又多，她的儿童床上都铺了厚厚的一层书，就这样女儿一天天在书堆上长大，她没有弄脏、弄折一本书。她似乎对书有一种眷恋，长大了她从不挑吃挑穿，她的漂亮衣服比别人少，但她的各色藏书比别人多，她可以从书柜里为你精选出不同题材的美味佳肴。"

法则四：见缝插书

学生和父母经常会抱怨没时间读书，其实很多时候我们的大脑都处于空闲状态。比如，在厕所蹲马桶、在医院的长椅上等候看病、在车站候车。"见缝插书"无疑是可以立竿见影的。

身为机关干部的林先生对女儿的读书问题特别重视，他特地在家中的厕所里放个小书架，上面摆有名人的自传、科普杂志和一些散文集。每次女儿上厕所时都顺手拿一本翻，根本不用父母劝导，有时看上了瘾，把外面等着的人都憋坏了。

法则五：对症下药

"书中自有黄金屋"这是我国的一句古语。可现在有很多孩子却意识不到这一点，为此严先生巧施一计，让他的儿子从书中尝到甜头："每次我让孩子看书，他都以功课忙为理由，一律拒读。但我却找到了他的一处软肋，就是他的作文差。

有一次，他在写一篇作文之前，我先让他看了一本书，读一遍，记一遍，让他将所有能理解的词汇尽量恰如其分地用在作文中，结果，老师的评语是'语言生动感人'。于是,孩子在阅读的过程中逐渐找到了写好文章的方法,自己便主动找书来读。"

法则六:吊足胃口

做编辑工作的律小姐说,她小时候父亲常给她讲故事,可往往讲到一半就刹住了,让她自己去看书,寻找故事的结局。律小姐就这样慢慢地培养起了良好的读书习惯。

现在已经当了妈妈的孟女士也谈起小时候父亲引导他们兄妹几个读书的情景:"我爸爸那时特爱考我们问题,还时常说我们答得不对,或不完全,孩子们不服,他就会告诉我们去查书。有时他故意说错,考我们书读得仔细不仔细。孩子们都不示弱,劲儿都用在看书上了。"

法则七:以身作则

现在很多孩子不看书,原因在于父母不看书。在某校初二年级的一个班里随机询问了几名同学,他们说平时父母晚饭后就看电视连续剧,除了《北京晚报》以外,很少见他们阅读什么文字类的东西,所以孩子也很少看书,都是跟父母一块儿看电视。

但在医院工作的武女士就不同,她晚上很少看电视,都是坐在孩子旁边和她一起看书。女儿起初特别不愿意,眼睛总往电视的方向瞄,武女士干脆也剥夺了丈夫看电视的权利,两人一起读书,女儿这才踏下心来。渐渐地,女儿开始真正意识到书的含金量了。现在不用武女士督促,女儿也能自觉读书了。

在对孩子阅读习惯的培养上,还有以下几个方面经验供参考:

(1)买或者借一些有趣的书

选一些对孩子来说比较容易的书,换句话说,就是那些比他的阅读能力稍低一些的书。根据孩子的兴趣来选书:棒球、骑马、通宵派对、动物等，买一本神话书、笑话书或者是关于流行的电影明星或者运动员的书，甚至可以是漫画书。

不要对这些书做任何的评论，只是将它们放在孩子能看到的地方。想要成为一位优秀的读者，孩子需要一些练习。如果你能够找到孩子感兴趣的书，他就能够通过这些来进行大量的练习，这样他以后就能读其他更复杂的书了。

（2）给孩子办理图书馆借阅卡

带孩子去图书馆，告诉孩子如何使用电脑，以及各种可利用的资源。很多图书馆都提供了教孩子们如何使用这些资源的课堂。定期带孩子去图书馆，并且确保在去的时候，你有充足的时间等他，这样孩子就能够有足够的时间来看书了。

（3）给孩子置办一些高级游戏软件

利用孩子对电脑游戏的喜爱，买一些需要经过大量阅读才能玩的游戏软件，如互动游戏、旅行游戏、神话游戏等。远离那些简单的电脑游戏。

（4）让孩子养成睡前阅读的习惯

为孩子买一盏床头灯或者一盏小小的读书灯。告诉他从今以后，他必须在某个时刻上床，他可以选择睡觉或者看书。大部分孩子除了睡觉什么都愿意做，因此，这就是你培养他养成睡前阅读习惯的绝妙良机了。

（5）帮助孩子选择适用的好书

英国思想家培根说过："读史使人明智，读诗使人聪慧，数学使人周密，科学使人深刻，伦理学使人庄重，逻辑修辞学使人善辩……"每一类书籍都有不同的作用和功能。

教育学家认为，孩子需要那些与他们的年龄、兴趣及能力相适宜的图书，他们也喜欢图书题材的丰富多彩。父母在为孩子选择健康有益的图书的同时，要尽可能让孩子多接触不同方面的读物，书籍、报纸、杂志乃至街头的标语广告、商品包装等，通过多种形式的阅读，使孩子在各方面受益。

（6）要掌握循序渐进的规律

让孩子掌握正确的阅读方法，父母要先进行引导与训练，然后才能放手。

在孩子的阅读过程中，要采取先难后易、先略读后精读、先单篇文章后成本著作的原则，同时也要坚持好书多多益善的原则，孩子阅读能力的提高需要在大量的阅读实践中完成。

古人说："腹有诗书气自华"。多为孩子选一些好书，让我们的孩子养成每天阅读的习惯，让我们的孩子在阅读中多一些好奇心与探索精神，多一些幽默与想象力，多一些文化与书卷气，在阅读中提升孩子的品质与素养。

## 温馨小提示

读书如同在海滩拾贝，又如在矿山探宝。有时一本好书犹如使人登上一座风光旖旎的山峦；有时一部优秀作品能使人生的道路发生重要转折。不爱书、不读书的人，一辈子也享受不了这样的生活乐趣，这实在是人生的一大缺憾。所以，孩子爱书的美德务必要从小培养，从而使他一生不离书籍，做一个好读者。而好书也将影响他的人生。

# 引导孩子善动脑勤钻研

就家庭教育而言，父母应引导孩子在学习的同时，要善于动脑，勤于钻研。学者詹姆斯曾经说："思想就是力量，个性的力量是无比的，两者结合在一起，人就能改变历史，创造未来。"思想就好比一双好腿脚，它能够助我们成长、前进。

哲学家布莱希特曾说："思考是人类最大的乐趣。"对于我们的孩子来说，只学习而不思考，便不会知道书中的真正含义。

孔子说"学而时习之"，就是告诉我们，既要勤奋学习，也要善于动脑并时常地巩固和复习。

## 1. 认识勤动脑的重要意义

在社会快速发展的今天，我们不仅要学好，更重要的是要善于动脑，有自己的看法和见解，这样的学习方法才是正确的，而不要盲学。

在学习中，青少年不要迷信老师和书本以及权威，要善于发现问题，提出问题，勇于解决问题，把自己培养成一个勤于思考、善于动脑的具有时代精神的人。否则，以后就会难以立足于社会，会被社会所淘汰。

凡是对人类发展做出巨大贡献的伟大人物，都善于动脑。科学家牛顿就是因为在进行试验时，善于动脑才取得了众多的发明和创造。

当牛顿费尽心血算出"万有引力定律"后，没有急于发表。而是继续孜孜不倦地深思了数年，研究了数年，埋头于数字计算之中，从未对任何人讲过一句。

后来，牛顿的朋友、大天文学家哈雷，在证明一个关于行星轨道的规律时遇到困难，专程登门请教牛顿。牛顿把自己关于计算"万有引力"的书稿给哈雷看。哈雷看后才知道他所要请教的问题，正是牛顿早已解决、早已算好了的问题，心里羡慕不已。

1664年11月的一天，哈雷来到牛顿的寓所拜访。当谈到有关天文学的学术问题时，牛顿拿出写好的关于论证"万有引力"的论文，请哈雷提意见。哈雷看后，对这一巨著感到非常惊讶。

他十分欣喜地对牛顿说："这真是伟大的论证、伟大的著作！"他再三劝牛顿尽快发表这部伟大著作，以造福人类。可是牛顿没有听朋友的好意劝告，轻易地发表自己的著作。而是经过长时间一丝不苟的反复思考、验证和计算，确认正确无误后，才于1687年7月将《自然哲学的数学原理》发表于世。

牛顿是一个十分谦虚的人，从不自高自大。曾经有人问牛顿："你成功的秘诀是什么？"

牛顿回答说："假如我有一点微小成就的话，没有其他秘诀，唯有勤奋而已。"他又说："假如我看得远些，那是因为我站在巨人们的肩上，我善于动脑和思考。"

这些话多么意味深长啊！它生动地道出了牛顿获得巨大成就的奥妙所在，就是在前人研究成果的基础上，以献身的精神，勤奋地创造，开辟出科学的新天地。

**2. 勤思考苦也乐**

人们常说："勤能致富。"但是勤奋并不等于蛮干，也要讲求方法，只有方法适当，才能成功。一位哲人说过：这个世界不缺会干活的人，缺的是会思考的人。

的确，如果对学到的知识、调查得到的情况不做深入思考，就难以留下深刻的烙印，最终收效甚微。科学家贝费里齐在《科学研究的艺术》中讲过一个令人哭笑不得的试验：一位老师用手指蘸糖尿病人的尿样来尝味，然后让学生们都做一遍。学生们愁眉苦脸地照着做了，一致说尿样是甜的。

这时，老师说："我在教你们观察细节。谁观察得仔细，发现我伸进尿样的是拇指，舔的是食指？"学生们的失误就在于主观上的想当然，过分相信别人的经验，一没有认真观察；二没有深入思考。

父母要教育孩子使他们充分理解思考的重要意义，并懂得蛮干只会导致做无用功。有位记者就是一个很好的例子：他了解到一个情况，营区附近村里的一个小学生掉入水库，岸上好几十人观而不救。一名战士闻讯跑来跳入水中，冒着生命危险把小学生救了上来。

这位记者便不加思索地写了一篇200余字的稿子，寄到报社，稿子很快登出来了。正当这位记者高兴时，一位战友的一篇《救救这些"落水者"》的长篇文章在一家大报的显要位置登了出来。

这位记者很惭愧，也很佩服，当即登门请教。这个战友说："你的这种报道方法，是顺向思维，这样写出来的东西太普遍，也太浅，很难打动读者。善于逆向思维，写出来的东西才会深刻。"这也有效地说明了善于思考的重要性。我们青少年在做事情时，也要善于思考，切不可蛮干。

其实，人与人之间的智商差异并不大，差距就在于谁思考得多、思考得深、思考得对。自然，坐在那里默默沉思是一种思考，把自己的所读所想记述下来、表达出来，也是一种思考。长期思考下去，必有大的进步。青少年要在勤于动脑中创造自己的自强人生。

## 温馨小提示

经过思考后得到的果实虽甜,但思考的过程却很苦。苦就苦在思考需要大量研究,掌握第一手资料,需要坚持不懈地总结积累经验,需要给自己不断"充电"。

勤于动脑,不可蛮干,青少年要在学习中善于动脑,勤于动脑,让我们的人生更精彩;勤于动脑,让我们做生活的强者。